JN127071

アリバイ
工作社会

「ブルシット・ジョブ」論の再検討

ましこ・ひでのり

三元社

アリバイ工作社会

「ブルシット・ジョブ」論の再検討

目次

凡例^{ハンレー}≒構成と注意

1. 表記法のユレをさけるなど言語学的判断から、訓よみをできるかぎり回避している（固有名詞や慣用的なもので、かながきにすると読解困難になるものは、このかぎりではない）。また、誤読をさけるために、ふりがなをふっている漢字があるが、表音主義をとっている。たとえば、「汎用性^{はんよー}」のようなかたちである。なお、引用した原文にないルビをおぎなった箇所がある。
2. 文献情報は、巻末の【参考文献】にある。家族名による50音表記である。
3. （グレーバー 2020：324-325）などとあったら、家族名「グレーバー」という筆者が2020年に刊行した出版物の324ページから325ページにかけてかいてある、と理解してほしい。
4. 文末（句点「。」の直前など）や文中にまじる、ポイントのちいさなアラビア数字（「……16。」といった形式）は、章末注である。各章の最後を参照のこと。

はじめに

本書は、文化人類学者デヴィッド・グレーバー（1961−2020）が先年刊行した『官僚制のユートピア』『ブルシット・ジョブ』（グレーバー2017, 2020）等に触発された労働社会学的考察です。「研究ノート」にしては、蛇足にみえる注釈などが無数にくわわっていますが、ファンによるオマージュと御寛恕ください。日本語訳と併読いただく意義はあると信じております。

　さて世間では、2020年年頭から急展開した新型コロナウイルスのパンデミック化をへて「ポスト・コロナ」論が急増しています。
　「本当は不要なしごとが鮮明になる」「実は不要な人材がうきぼりになる」「妖精さんなどが一掃される」といった、恐怖感や期待感がいりまじった議論がわきあがっているようです。しかし、AIなどによる労働市場の激変といった議論と同様、ことはそれほど単純ではないとおもいます。「不要な作業の除去」「適材適所の確立」といった理想が本当に実現するならいいのですが、現実には、そう順調には展開せず、むしろ理想からおおきくはずれて悪化しかねない要素がたくさんあるのではと懸念しています[1]。
　たとえばSARS（重症急性呼吸器症候群, 2002-3年）などで深刻なダメージをうけた台湾や韓国が着々と感染症対策を国策ですすめてきたのと対照的に、「対岸の火事」視しつづけたのが、日本の歴代政権でした。世界の水準からみて、信じられないぐらい処理能力がないPCR検査体制や、不織布マスクの確保さえままならず転売業者にやられ放題だった日本の公衆衛生体制は、先進国をほこれるようなものではありません。むしろ不遜な自信ばかりつのらせていた実態は、「日本モデル」などと死者数のすくなさを自慢してし

まった首相であるとか、旅行業関係者にテコいれしなければと政治力がはたらいて、各地で感染者が急増中なのに旅行助成キャンペーン（「GoToトラベル」）をまえだおしで強行実施するなどが象徴しています。

後年、疫学的な調査を徹底すればあきらかになるでしょうが、日本列島の2020年中における死亡者数・死亡率のひくさは、おそらくモンゴルや東アジア・東南アジアなどの地域性のたまものです。「日本人の衛生意識など民度のたかさ」だのの産物ではおそらくないし、すくなくとも政府がだした学校の全国一斉休校の要請だとか、緊急事態宣言などがもたらしたものではないでしょう。

経験則としていえるのは、東日本大震災やSARSなどの脅威をへても、日本の歴代与党や中央官庁は学習しない／できない体質をかかえているという現実。映画『シン・ゴジラ』がえがいたような、たよりになる政治家・官僚組織は台湾のような空間には実在しても、こと日本列島には存在しないのです。おそらく、日中戦争からはじまり第二次世界大戦にまきこまれて大敗した帝国日本期から今日まで基本的にかわっていない（かわれなかった）[2]のではないでしょうか。

たとえば、戦時中、怜悧な軍官僚の一部は、すくなくとも対米戦がいかに愚策で展望がないことを熟知していました。しかも、その論拠は計量的な客観的データで試算された結果であり、非科学性はありませんでした。しかし、それは当時の陸海軍のメンツやおもわく、そして願望など、さまざまな政治力学ですべて圧殺されたのです。

新型コロナ対策で非公式に招集された「専門家会議」も、そのあと正式に招集された「分科会」も、みなさんがごぞんじのとおり、

専門家の具申がまともにいかされたことはありません。要は、官庁の省益や自民党など与党の利害にぶつかる専門知は、ほぼ無視される。あたかも専門家の英知をかりたかのような権威づけに利用するだけで、恣意的につまみぐいするはらづもりで一貫しているのです。

しかし、この政官等の体質は、筆者が福島第一原発事故の前年に指摘していたように、安倍第二次政権のずっとまえから、延々かわらなかった組織病理のようなものです（ましこ2010）。必敗が宿命づけられている対米戦さえ回避できず、そのあとも和平の機会をうしないつづけ、焦土のうえさらに2発の原爆投下とソ連参戦という最悪の事態をまねきいれた「御前会議」周辺の「烏合の衆」。その社会的学習障害は、亡霊として「霞ヶ関」「永田町」に継承されてしまっているとおもわれます[3]。

福島第一原発事故は完全収束などしていないのに、安全が保証されたから東京にオリンピックを誘致したいと、平気でウソをいい（首都圏の猛暑ぶりもふせて、"warm"と、しらじらしいウソまでつきました）、結局は選手村や豊洲などの大開発でデベロッパーたち・ゼネコンなどの利害を優先するダシにつかった。「復興五輪」などと偽善的なキャッチコピーをふりまわしながら、結局は復興事業に必要不可欠な建設人材・資材を被災地からうばってはじない。……こういった一連の偽善・欺瞞を、すくなくとも安倍第二次政権は一貫してすすめました。これは、筆者には、戦時中以来の「負の遺産」を21世紀に集約して露出させた、最悪の事態にみえます。

東日本大震災は民主党政権下で発生しましたが、その後経産省は責任を事実上東電にだけおしつけ、あたかも日本政府は原子力行政の破綻の主犯ではなかったかのように問題をごまかしました。さらに、御用学者の変種（判事）による日本各地での判決のおおくは、

せっかくとまっていた原発の「再稼働」を「安全」と判断して発電を再開させてしまいました。既存の利害集団に忖度し、省益にしがみつく政官、それを追及できないマスメディアと大学などが共犯関係にある日本列島は、巨大なガラパゴス文化空間であり、「いつまでもこりない」「失敗をいかせない」人口密集地です。「ポストコロナ」などと喧伝されながら、なにも楽観的な気分にたてないのは、以上のような経緯を痛感させられているからです。

　こんな問題意識のうえにたって、パンデミックなど危機的状況が「想定外」で発生したときになにがおきるか、そのなかで、はたらくこと、いきることのありようが、どう変容するか、その試算をしてみたいとおもい、キイをうちはじめました。文化人類学者、デヴィッド・グレーバーの問題提起＝労働論は、コロナ禍で浮上した諸問題と非常におおきなかさなりがあると直感したからです。

注

1 端的にいえば、東日本大震災の福島第一原子力発電所事故のあと処理を
ふくめた復興事業の現実とそれにつづいた「東京オリンピック特需」な
どのありさまからの悲観的展望です。

2 戸部良一ほか『失敗の本質――日本軍の組織論的研究』や山本七平『日
本はなぜ敗れるのか――敗因21ヵ条』で解析された日本的組織の本質は、
大して変化していないとおもわれます。

3 「霞ヶ関文学」だとか「東大話法」(安冨歩)(注19参照)といった一見
中傷にきこえる批判は実はもっともな正論だし、「ご飯論法」(上西充子)
(注20参照)とか「きな粉餅論法」(川内博史)と批判される与党・官僚
の破廉恥な国会答弁は、みな、太平洋戦争当時には完全に組織病理とし
て伝統化した体質をごまかしとおすために、必然的に出現した、にげ口
上(責任回避戦術)なのでしょう。本質的にガラパゴス文化空間と。

1章
コロナ禍とブルシット・ジョブ論

1-1. コロナ禍がうきぼりにした「エッセンシャルワーカー」の存在

　医療・福祉関係者や輸送関係者ほか、社会になくてはならない職務担当者を、「エッセンシャルワーカー（essential worker）」、英語圏では、「キーワーカー（Key worker）」とか「クリティカルワーカー（critical worker）」ともよぶようです。

　朝日新聞社版「知恵蔵mini」（https://kotobank.jp/word/エッセンシャル・ワーカー-2132095）には、

> 市民の生命と財産を守るため、社会を支える必要不可欠な仕事に従事している人たちのこと。法執行、治安、食料生産、医療、緊急対応などに携わる労働者を指す。2019年に発生した新型コロナウイルスの感染拡大に関連して、外出自粛が要請されている時期にも感染のリスクが高いながらも社会生活を維持するために働くエッセンシャル・ワーカーとして、特に医療従事者、宅配業者、スーパーの従業員、介護や保育の仕事にかかわる人、公共交通機関で働く人、ゴミ収集業者などが多くの報道でクローズアップされた。(2020-4-28)

と記述されています。

　端的にいえば、世界情勢を一変させた新型コロナ感染拡大＝パンデミックがなければ、浮上しなかった概念ということができます。

　中国の武漢市にはじまる公権力による都市封鎖など、一部では戒厳令的な外出禁止措置がとられ、非常にゆるい規制といわれる日本列島でも、出社を可能なかぎりひかえるよう要請があり、大都市圏

のオフィス街が廃墟かのように無人化するなどの事態が発生しました。しかし、その際「テレワーク」という形式で日常業務ができる労働者が多数のはずはないし、実際、「知恵蔵mini」もしめすとおり、無数の非「テレワーク」形で「社会を支える必要不可欠な仕事に従事している人たち」が実在したわけです。

いいかえれば、「外出自粛が要請されている時期にも感染のリスクが高いながらも社会生活を維持するために働く」労働者という問題設定が、都市封鎖等をへてはじめて浮上したのです。

医療関係者に対しては、英国発の「クラップ・フォー・ケアラーズ（医療従事者らへの拍手を）」運動が世界にひろがったり、「東京都心を飛んだ航空自衛隊のアクロバット飛行チーム「ブルーインパルス」」[4]のようなエールさえうまれました。

しかし、すくなくとも日本列島上にかぎれば、「エッセンシャルワーカー」のひとびとが、ひとしく感謝の念、尊崇をあつめているとは到底おもえません。たとえば、つぎのようなケースは、かれらに対する敵意さえ感じさせないでしょうか。

　　彼らは政府の接触減8割という目標に声高に異を唱えることもなく、ただ黙々と自分に与えられた現場で働いている。

　　新聞やテレビは、通勤する人たちの姿を、あたかも国の外出自粛要請を守らない悪人であるかのように報じた。こうした報道が憎悪を駆り立て、現場の人を襲うこともある。

　　都内の大手宅配業者の配達員は語る。

　　「外出自粛の影響で荷物は全体として増えているため、例年より業務量は多いです。一日に運ぶ荷物はいつもだと150個ほどですが、今は平均して200個弱くらいのペースです」

政府の専門家会議は5月4日、感染拡大防止のための「新しい生活様式」として宅配サービスをもっと利用することなどを求めた。彼らが休業すれば、誰がその荷物を運んでくれるのか。

　この配達員は、宅配先の高齢女性に言われた言葉が忘れられないという。

　「オートロックのマンションだったので、インターホン越しだったのですが、『なんのために自粛しているのかわかってます　玄関先に置いといてくださいよ』と怒鳴られました。バイ菌扱いされたようでショックでしたね」

　（「いい加減にしてほしい…「テレワークできない人」の存在を忘れてないか　自宅でできない仕事が社会を支えている」『週刊現代』2020.06.01, https://gendai.ismedia.jp/articles/-/72844）

　この、ぞっとするような拒絶意識には、あきらかに職業差別がからんでいるとおもいますし、アメリカのゲーテッドコミュニティ（Gated community）ほどではないにしろ、隔絶された安全な内部と危険な外部といった差別意識・特権意識もにじみでているでしょう。

　このようにかんがえると、コロナ禍の最前線で苦闘する医療関係者に対しては、感謝・尊崇の念が醸成されているものの、それ以外の諸層については、充分な敬意がはらわれないまま、黙々と社会をささえている労働者が無数に潜在するとかんがえられます[5]。そしてそれは、「すごもり生活」などが余裕でできる階層だけでなく、ごく一般的な市民間での「普通」な感覚に共有され、尊敬されるより、むしろ「ハイリスクグループ」として忌避される存在と化しているとさえいえるのではないでしょうか[6]。

実は、「職業に対する貴賤意識」はタブー視されてきましたが、「3K」といった表現にもあらわれているように、今回も「夜の街」「接待をともなう店」などといったかたちで、あきらかに標的としてバッシングする風潮が露呈しました。深刻な問題は、これらが日本列島にとどまらず、貧困など経済階層・階級、社会によっては身分・「人種」[7]などとからんだ差別・タブーの根幹であることと、今回の「エッセンシャルワーカー」のように、社会を中核でまわしているはずの労働者が、差別されるという現実が露呈した点です。

　特に、アメリカ・イギリスなどでは「黒人」[8]において感染率・死亡率が有意にたかいことがたしかめられています。軍人同様、有事の際に「ハイリスク」最前線につきだされる医療従事者はもちろん、「テレワーク」などと無縁で、さらに公共交通機関利用者でもある「黒人」層は、よくてヒスパニックと同程度、わるくすれば、ひきはなされて統計上危険な環境をいきぬいていることが露呈したのです。

　アメリカから世界にとびひした「ブラック・ライヴズ・マター（Black Lives Matter:「BLM」）」デモは、「黒人」市民に対する警官による傷害致死的なとりしまりに端を発していて、基本的には、「白人」等マジョリティーが無抵抗・まるごしの「黒人」被疑者に発砲し殺害してきたなどの経緯の延長線上にあります。しかし、平和的デモに乗じて大量発生してしまった略奪行為などをみるかぎり、「黒人」各層の不満は、ひごろからの警察への不信・不安だけでなく、マジョリティー社会から徹底的に軽視されつづけ、あまっさえ犯罪予備軍として偏見でみられているということ等の蓄積の結果です。もちろん、巨体の「黒人男性」という属性だけで「みをまもれるのは拳銃だけ」といった恐怖感がさきにたつのかもしれませんし、

警官自体が「エッセンシャルワーカー」としてリスク最前線にはりついているという緊迫感はあるでしょう。しかし、黒人男性ジョージ・フロイドさんを死にいたらしめたあの衝撃的な動画でもわかるとおり、警官がわの度のすぎた「逮捕」劇は、サディスティックな印象がぬぐえませんし、「しんでもかまわない」という未必の故意さえ感じさせる残忍さです。

　筆者は、ここに、経済的上層には位置しない警官と、下層にあっただろう「黒人」被疑者が、「エッセンシャルワーカー」同士としてであり、前者が権力執行者、後者が権力犯罪の被害者という最悪の結果をうんだのではないかと、感じてしまいます。つまり、あの事件は、強烈なレイシズムと階層間格差を背景として、それを非常に濃縮したかたちで悲劇をもたらしたものだと。「黒人」男性被害者が、大学卒で中産階級のオフィスワーカーだったら、そして自宅に退避して「テレワーク」にきりかえていたら、ストリートで、ニセ札利用のうたがいなど、かけられなかったはずです[9]。また、加害警官も、大卒で管理職についていたら、このような過剰な逮捕＝殺害にはかかわっていなかったでしょう[10]。

　このようにしてみてくると、「エッセンシャルワーカー」は、医師・警察官僚など例外的な少数をのぞいて、経済的に中位以上であることがすくなく、しかも「ハイリスク」な職業環境にあり、ときに「シット・ジョブ」とみなされているとみていいのではないかとおもいます。これは、文化人類学者デヴィッド・グレーバーが「ブルシット・ジョブ＝クソどうでもいい仕事」と論難した職種と正反対な存在だといえそうです。

　さて、ひるがえって日本列島のばあい、「職業に貴賤はない」といった公式見解がありますが、実際に、大衆から忌避されている職

種は実在し、政治家や官僚、富裕層から露骨に、ないし隠微に侮蔑されているとおもわれる業界がすくなからずあります。前述した業界でいえば「風俗営業」とよばれるところが典型ですし、歴史的には、食肉加工・皮革業などがあげられるでしょう。暴力団など犯罪組織でさえも、「必要」とされる領域があるから存続してきたわけですし、世間が差別しようが、生業(せいぎょう)として存続するには理由があります。中世キリスト教社会において、教会が「利息をもとめる行為は禁ずる」という偽善的な統制をしいたために、ユダヤ系市民が金融業に進出したように[11]。

ともあれ、社会学が開発した「職業威信スコア」という指標で医師・法律家などを頂点とする威信序列として安定した結果がたしかめられてきたことは、世間が共有する職業上の貴賤(きせん)意識が厳然と実在することをしめしているといえます。デヴィッド・グレーバーが問題提起したことのひとつは、「エッセンシャルワーカー」たちの中核が、「ブルシット・ジョブ=クソどうでもいい仕事」と対極にあるとうとい職務であるのに、その労働条件(過酷さやリスクにみあわない低賃金等)や社会的評価が、あまりにも不当である現実。その理不尽さを「シット・ジョブ」として、「ブルシット・ジョブ」と対比したのです[12]。

グレーバーからすれば、「ブルシット・ジョブ」という職務はあまりにも無意味ないし有害なのに、不当に高所得である。一方、「シット・ジョブ」という職務は、有用性が歴然としているのに、不当に低所得のケースがおおいと。「職業威信スコア」には、ひとをバカにしたような、逆説があるかもしれないという問題提起なのです。

1-2. 「ブルシット・ジョブ」主要5類型の本質とその含意

グレーバーは「ブルシット・ジョブ」の主要成分として、「取り巻き (flunkies)」「脅し屋 (goons)」「尻ぬぐい (duct tapers)」「書類穴埋め人 (box ticker)」「タスクマスター (taskmasters)」の5類型をあげています[13]。

英語圏での俗語的ニュアンスが正直のところピンときません。ただ、グレーバー自身による解説や訳者たちの補足説明をよむかぎり、この5類型は端的に2種類へと大別できます。つまり、あらたに「ブルシット・ジョブ＝クソどうでもいい仕事」を創出する「タスクマスター (taskmasters)」とそれ以外です。そして後者は、「演出」「工作」などさまざまな「つじつまあわせ」業務の機能分化にすぎないと。「つじつまあわせ」業務とは、ほかでもない、「クソどうでもいい仕事」（不必要であることはもちろん、しばしば有害でさえある職務）であることが露見しないよう、隠蔽工作を維持することです。

「脅し屋 (goons)」「尻ぬぐい (duct tapers)」「書類穴埋め人 (box ticker)」などは、みな、不正・不誠実であるという現実を、まずは対外的に、しばしば対内的にも、とりつくろう職務であり、偽善・欺瞞そのものです。そして「取り巻き (flunkies)」とは、そのような、うすぎたない「よごれ役」が実在し、ごまかしつづけている現実から、まつりあげられた権力者をきりはなし、あたかも理想の分業組織が実現しているかのような錯覚を維持する集団[14]です。グレーバーが告発したい実態とは、池井戸潤作品など企業小説などで暗躍する「悪役」どもの破廉恥な言動などとかさなる現実だとおもいます。

ところでグレーバーは、かなりのページをさいて、「シット・ジョブ」と対極にある「ブルシット・ジョブ」の奇妙な増殖について解析するだけでなく、そのなかに、報酬の不当なたかさと相関しているらしい当事者のかかえる罪悪感と、その精神衛生上の悪影響について言及しています。

　つまり「脅し屋（goons）」らによる不祥事の露見抑止とか、「取り巻き（flunkies）」による渾身のヨイショにまるめこまれて陶酔している「裸の王様」以外は、みな自身のこなす業務の無意味さ、むなしさ、ときに有害性を重々自覚している。逆にいえば、《そういった罪悪感にみあうだけの所得が保証されなかったら、こんな「よごれ役」など我慢してやるはずがないだろう》といった、ひらきなおりさえ、当事者からみてとれるわけです。

　大量に記述されている証言はすべて仮名あつかいですが、人類学者グレーバーは、独自のルートから証言者をあつめており、そのおおくは、虚無的に自身の「ブルシット・ジョブ」をひらきなおって正当化したりはしていません。大半はトホホな現実になんとかたえ、あるいはたえきれず転職して収入激減でもしあわせをとりもどせたと述懐するような誠実なケースです。しかし、同時に、かれら証言者が体験したこと、同類の同僚たちの荒涼とした精神状態は、たしかに深刻な問題です。

　いいかえれば、「タスクマスター（taskmasters）」は、予算のゆるすかぎり官僚組織の肥大化に貢献すべく日夜、社会的貢献などしない職務を発明・発見しつづけていると[15]。

1-3. 「パーキンソンの法則」は旧ソ連型官僚制だけの病理ではない、という指摘と含意

　グレーバーは、「ブルシット・ジョブのおおかたは公共部門にかぎられているとする、よくある誤解」を指摘し（グレーバー2020：35-38)、現代資本主義、特に巨大企業が、ブルーカラー部門でなさけ容赦なく人員整理・コストカットを断行しつづける一方、ホワイトカラー部門が肥大化していく奇妙さをとりあげました。その微視的メカニズムについては、日本語訳の「第5章　なぜブルシット・ジョブが増殖しているのか？」「第6章　なぜ、ひとつの社会としてのわたしたちは、無意味な雇用の増大に反対しないのか？」という詳細な解析があるので、そこにゆずります。

　ここで確認したいのは、英国の歴史学者・政治学者C. ノースコート・パーキンソンが提唱した「役人の数は、仕事の量とは無関係に増え続ける」という経験則（ウィキペディア「パーキンソンの法則」）との関係です。

　　　　パーキンソンの法則は、英国の官僚制を幅広く観察した結果に基づくもので、たとえば、イギリス帝国が縮小していたにもかかわらず殖民地省の職員数は増加していたとパーキンソンは指摘している。

　　　　パーキンソンによれば、このような結果は、

　　　　　1. 役人はライバルではなく部下が増えることを望む

　　　　　2. 役人は相互に仕事を作りあう

　　　という2つの要因によってもたらされる。また、パーキンソンは、官僚制内部の総職員数は、なすべき仕事の量の増減に関係なく、

毎年5-7%増加したとも指摘している。

（ウィキペディア「パーキンソンの法則＃第1法則」）

　もうおわかりのとおり、新自由主義など「ちいさな政府」論が再三政府・自治体を標的に、攻撃をくりかえしてきた「公務員過剰」論に合理的根拠をあたえるものです。現代日本でも、キャリア官僚の職務の相当部分が、議員のあいてと、省益にもとづく関連組織の構築だ（自分たちがキャリア組が「勇退」する際の「うけざら」）と、再三揶揄されたほどです。不夜城「霞が関」の残業のなかには、さぞや「ブルシット・ジョブ」が膨大にかかえこまれていることでしょう。財務省など「勘定方」が財政再建をかけごえに、各省庁の肥大化戦略にめをひからせるのには、充分な合理的根拠がありそうです。

　しかし、過労死水準にあるといわれる小中学校教員をはじめとして「肥大化」などは発生しておらず、むしろ補充人事を徹底的に抑圧し、保健所や児童相談所など、人員不足から機能不全をきたす末端組織が社会問題化しているほどです[16]。OECD諸国のなかで人口あたりの公務員（教員もふくめ）が最低レベルにおちてしまっていました。1980年代のサッチャリズムやレーガノミクスなどを合理的だと吹聴した時代が、いまだに現代日本では継続中なのです。

　そして、ことは、ソ連型官僚制の病理を継承しているかのような「公共部門」にかぎらないという含意です。「レッドオーシャン」で血で血をあらう合理化競争をくりかえしているはずの営利企業では、すくなくとも大組織に関するかぎり、ホワイトカラー部門の肥大化がとまらないと、グレーバーは指摘したのです。徹底的な省人化・ローコスト化が追求され縮小するブルーカラー部門と対照的に、「経

営合理化」が進行するほど、「ブルシット・ジョブ」担当人員と予算は肥大化していく。これは、みすごせない組織病理だろうと。

　たしかに、「合理化」（実際には、現業部門の徹底的圧縮）の進行とともに、反比例して非合理が肥大化しつづける構造は異様であり、壮麗な巨大ビル群がたちならぶ大都市中枢部の内実が「ブルシット・ジョブ」で充満しているなら、それは砂上の楼閣のうえに狂奔する「裸の王様」たちといえるでしょう。せっかく、科学技術の粋が結集され超合理的な生産・流通システムが実現したのに、その成果の相当部分が「漏水」「気化」しているようなものだからです。このような偽善・欺瞞にみちた組織体制は、「シット・ジョブ」層をふくめたエッセンシャルワーカーの尊厳を全否定し、株価の時価総額だとか、GDPだとかといった数値で評価がすんだとうそぶく、非常に不誠実な社会の象徴です[17]。

4 「ブルーインパルスはなぜ都心を飛んだ？ 「政治利用」「迷惑」の声も」
（『東京新聞』2020年6月3日，https://www.tokyo-np.co.jp/article/32922）

5 実際には、医療関係者さえも「ハイリスクグループ」として忌避されている現実が各地で浮上しています。そして、この現実は、地域的特性などではなく、普遍的現実だろうと推測せざるをえません。たとえば、つぎのような報道も。「「保育園が子ども預かり拒否」…病院職員とその家族らが受ける"冷たい視線" 職員語る「これが現実」」（『MBSNEWS』2020.04.07）

　　そもそも、欧米などでの「拍手」運動も、出陣する兵士たちへのエールのようなイメージで、すなおに評価できない自分がいます（知人の医療関係者に対して病院ちかくで拍手するならともかく）。まして、曲芸飛行の訓練を任務とした空軍兵士が医療関係者をみな勇気づけられるという発想は貧困なのではないかとおもいます。そこについやされた資金や時間を、医療機関に直接募金した方がずっと身になるのではないかとさえ。すくなくとも、指示した政治家の意図は純粋にはうつりません。

6 それは、前項での事例が、まさにエッセンシャルワーカーの典型例である保育園での差別事象だからです。エッセンシャルワーカー同士が、拒否感情・被差別感情をもつというのは、実に不幸な現実です。

7 社会学では、生物学に準拠しているつもりだろう「人種」概念の存在を否定しています。すくなくとも、知的能力の多様性や連続性などの観点から検討したとき、「人種」差などがないことは明白だからです。なぜ欧米でユダヤ系（遺伝子情報上、多様で一体性がない）が突出して優秀な存在として世界史をリードしてきたか。日本における在日コリアンのアーティスト・アスリートの輩出率は、たとえば韓国人の人材輩出率と矛盾するなど、「人種」論の非科学性は、無数の反証例をあげて証明可能です。グールド（2008ab）など参照のこと。一方、社会学では、こういった優生思想にもとづく疑似科学的な大衆の共同幻想を「レイシズム（racism）」として、一貫して批判してきました。たとえば、日本列島でいまだに消失しない「被差別部落」問題なども、その典型例として。

8 前項とならんで、「黒人」という生物学的実体が存在しないことは、社会学周辺では定着した見解です。しかし、「黒人」差別は実体としてきえないし、「黒人意識」が当事者のパフォーマンスを低下させるなどの社会心理学的事実は、「黒人イメージ」の重要性＝「レイシズム」のなかで、きわめて重要な課題でありつづけていることは、もちろんです。ファノン（2020）など参照。

9 被害者は高卒で、ラッパーなどをへて警備員としてくらしていたようですが、コロナ禍の影響で失職していました。そもそも警備員＝「エッセンシャルワーカー」ですが、経済的弱者でもあったと。

10　くわしい経歴はしりませんが、25 歳ごろ警官となり 19 年間も事件最前線にたっていることなどから、高卒で警察に常勤職をえたのちも昇進しなかったものとおもわれます。

11　シェイクスピアが『ヴェニスの商人』をえがきながら、どの程度キリスト教社会の偽善を意識していたのか、浅学の筆者にはわかりませんが。

　　青木啓治（1990）「シャイロックについて：『ヴェニスの商人』におけるアイロニーと諷刺」など参照。

12　以下、次節以降もふくめて、日本語訳『ブルシット・ジョブ』（岩波書店）の内容紹介であったり、論点整理に記述をあてていきます。版元さんには営業妨害的な行為にうつるでしょうが、個人的には、「分業」体制と認識しています。なぜなら、グレーバーの真意を本当にしりたいなら、訳本のみならず、英文原典をかいもとめるなどして精読するでしょうし、本書は、単なる参考資料にしかならないでしょうから。そして、いってはなんですが、岩波書店版日本語訳は、話題作『負債論 貨幣と暴力の 5000 年』（日本語訳 848 ページ，税ぬき 6600 円）ほどではないにしろ、一般的読者層にとって、かなりの負担です（税ぬき 3700 円）。英文をペーパーバックスでとりよせれば 1500 円ほどですが、368 ページという大作をよみとおすだけの意欲をもつ層がどれだけいるでしょう？　一般的読者層に意欲があれども、通常の消費スタイルは日本語訳を図書館でかりる、というかたちにおちつくはずです。

13　著者（グレーバー）は、社会的仕事の半分以上は無意味であり、いくつかの仕事の大部分と、彼が説明するように、5 つのタイプの完全に無意味な仕事の両方であると主張しています。

　1.　取り巻き（flunkies）…だれかを偉そうにみせたり、偉そうな気分を味わわせたりするためだけに存在している仕事、例えば、受付係、管理アシスタント、ドアアテンダント

　2.　脅し屋（goons）　雇用主のために他人を脅したり欺いたりする要素をもち、そのことに意味が感じられない仕事ロビイスト、顧問弁護士、テレマーケティング業者、広報スペシャリストなど、雇用主に代わって他人を傷つけたり欺いたりするために行動する悪党

　3.　尻ぬぐい（duct tapers）　組織のなかの存在してはならない欠陥を取り繕うためだけに存在している仕事。たとえば、粗雑なコードを修復するプログラマー、バッグが到着しない乗客を落ち着かせる航空会社のデスクスタッフ

　4.　書類穴埋め人（box tickers）　組織が実際にはやっていないことを、やっていると主張するために存在している仕事。たとえば、調査管理者、社内の雑誌ジャーナリスト、企業コンプライアンス担当者など、役に立たないときに何か便利なことが行われているように見せます。

　5.　タスクマスター（taskmasters）　他人に仕事を割り当てるためだけに

存在し、ブルシット・ジョブをつくりだす仕事中間管理職など

（ウィキペディア「ブルシット・ジョブ」）

14　お上品にうつるところでは、バッキンガム宮殿の衛兵などが典型的イメージか。

15　グレーバーは、基本的に官僚組織の構造的産物＝雇用問題として「ブルシット・ジョブ」を位置づけています。しかし筆者は、グレーバーの人類学者らしからぬ断罪、たとえば「少数だけれども醜悪な仕事」といった分類（グレーバー 2020：36）や、「性労働の大半はブルシット・ジョブとみなせる」（同上：44）という経験者の見解をおおむね追認する点などは、かなり規範主義的な倫理意識をかかえているとかんがえます。実際のところ、社会全体にとってないなら絶対よい職種というのは、あるでしょうが、たとえば。セックスワーカーをはじめとした職務がすべて当事者にとって必要悪であると断言できるでしょうか？　たとえば性的弱者である重度の身体障碍者に性的サービスをおこなうひとびとが、自身の職務に罪悪感をもち、「ケアワーカーなのだから、立派なしごと」などと合理化＝正当化をつねにせまられているのか？（風俗産業や水商売などにおいて、自身の羞恥心を経済的理由できりうりする現実＝セクハラの甘受構造が一般的であることは、もちろんですが。）また、少数ではあれ、自身を性的商品としてきりうりする（たとえばポルノ女優などとして）ことを天職とかんがえている層も実在することがしられています。

　また、「ブルシット・ジョブ」の構造的問題が官僚制の病理であることはもちろんだとしても、それがつねに雇用関係のもとで発生していると断言もできないとおもいます。

　たとえば、費用対効果が微妙なことはともかくとして、CM を制作・配信するとします。健康補助食品など、科学的検証などをへていない商品をしれっともちあげて、いかにも自分たちアスリート・芸能人のような健康体がてにはいるかのような偽善的・詐欺的な商法に有名人が加担している。こんなケースは、「ブルシット・ジョブ」に充分位置づけていいとおもいます。広告代理店やイメージ・キャラクターが高報酬なのは、罪悪感をマヒさせるためでしょうから。過去にも、競艇事業の収益がおおきな社会貢献をはたしている、といったイメージ広告がありましたし、「地球温暖化を抑制するためには、再生可能エネルギーの拡大に加え、火力の効率化や、発電時に CO_2 を出さない原子力を、安全の確保を大前提にバランスよく組み合わせる必要があると考えます」と、あたかも「個人的見解」をテレビでながしただけです、といった論調の CM（電気事業連合会）もあります。

　これらは、うりだしたい商品の性能やブランドイメージをあげたい、就職活動・転職をかんがえている層に企業イメージをうりこみたい（BtoB 業界で、知名度がひくいから……）という、広告本来の機能から逸脱した、

「取り巻き（flunkies）」機能そのものでしょう。

　このようにみてくると、「タスクマスター（taskmasters）」は、官僚組織内で「ブルシット・ジョブ」層を肥大化させることだけが職務ではなく、組織外にも有害無益な「ブルシット」成分を漏出させる業務をになっているようにみえます。

16　実際には、コロナ禍で露呈したように、教育部門・福祉部門・公衆衛生部門などに従事する公務員は「エッセンシャルワーカー」そのものであり、労働条件を他業種と比較すれば「シット・ジョブ」的な理不尽なあつかいをうけ、しかも人員不足は絶対みとめない財務省の予算削減措置の標的でもあったのでした。

17　たとえば大企業が誇示する巨大ビルや豪華な役員室は、「誇示的（衒示的(げんじ)）消費」（ソースティン・ヴェブレン）の典型例であり、非常に皮肉ないいかたをあえてするなら、「ブルシット・ジョブ」をになうホワイトカラー層の肥大化は、役員ひとりひとりに才色兼備の秘書を配するのと同様の「蕩尽(とうじん)」（ジョルジュ・バタイユ）の産物とも解釈可能でしょう（バタイユ 2018）。実質的な生産部門で合理化がすすみ、内部留保などが巨額化するのと並行するかたちで、異常ともいえる浪費がカムフラージュされるのは、部族社会の経済人類学的解釈と同形です。

　貴族から覇権をうばった大ブルジョアたちは、19世紀には愛人たちを贅沢にかざりたてた奢侈経済などを形成しましたが（ゾンバルト 2000）、20世紀にはカーネギーのように財団をつくって社会貢献というかたちの還元をこころみ、また私立大学などに巨額の助成をくりかえすなどしてきました（海賊などもふくめた野蛮な資本主義から、紳士社会への洗練化）。それに対して、やとわれ経営者でしかない現代の企業家たちは、大企業ブランドにすいよせられる資本の私物化をくりかえすだけと。

2章
国家エリート周辺の
「ブルシット・ジョブ」／「ハイパー
独裁」／「ポスト・トゥルース」

グレーバーは、ソ連型官僚組織という、いかにも非効率な空間ではなく、民間企業の栄華のかげにこそ「ブルシット・ジョブ」がひそみ、肥大化していると告発しています。しかし、筆者は、「ブルシット・ジョブ」の有害性という意味では、公権力周辺での「暗躍」についても充分な解析と批判がかかせないと確信するものです。なぜなら、民間企業における「ブルシット・ジョブ」は、巨大なムダとニヒリスティックにきりすてられるけれども、公権力周辺での「ブルシット・ジョブ」は、「合法性」などとして正当化された権力行使をとおし、人権を直撃し、市民の人生に巨大で深刻な打撃をあたえるだろうからです。

　極端なはなし、本書をかこうとした動機の半分は「ブルシット・ジョブ」の有害性を民間企業にほぼ限定してしまったグレーバーの問題意識の欠陥に不満を感じたことにあります。

　「合法性」などをもって、法的平等・一貫性に即した判断という形式をとりながら、実は公権力や大企業などのメンツを維持するための壮大な「こけおどし」が充分解明されていないのではないか。戦中・戦後の補償問題などもふくめ、「国会」だとか「政府」だとか、「司法」など、公権力の「うちわ」の論理的整合性だけが追求されるばかりで、真の公正さとか人権保障とは乖離した、非常にいびつな「合理性」だけが汲々とおいもとめられてきたのではないか。法体系のおおくは、結果として、社会秩序を維持できるために不可欠の装置というより、「よわきをくじき、つよきをたすける」、資本主義と並行した格差拡大装置なのではないか。……こんなことをかんがえたのです。

2-1. 国会周辺（組閣人事・国会質疑、官僚：国会対策、文書改ざん・廃棄・すみぬり、あまくだり、密約）

　第二次安倍政権の後半に急増したような印象がつよいのですが、筆者は、「沖縄密約」[18] など、おそくとも 1970 年ごろから最低半世紀は、国会周辺で国民をないがしろにした隠蔽工作が、無数にくりかえされてきたと、にらんでいます。

　森友学園・加計学園周辺で、自殺者まででた文書改ざん問題、「桜を見る会」などの不透明さなどは、一般には、安倍政権特有の「私物化」体質の産物と理解されてきました。筆者も、安倍政権が特に悪質だという印象を否定はしません。しかし、そもそも、日本政府という組織は、帝国日本末期の文書廃棄・隠滅工作ではっきりしているとおり、公文書を恣意的に処分し、かくし、ときに捏造することさえよしとする、異様な文化を共有してきたのです。

　よく官庁統計に関する政府発表について、隣国等をこばかにして「全然信用ならない」と軽侮する風潮がありますが、そもそも日本政府という組織全体が、公文書に関するかぎり「全然信用ならない」体質をずっと脱却できていないのです。それが第二次安倍政権後期に集中的に露呈しただけなのではないか。要するに、公文書の私物化、証拠の隠蔽等は安倍政権特有の体質の産物ではなく、帝国日本以来の「伝統」なのであり、隣国の実態などを侮蔑しているばあいではない、組織病理＝体質なのではないかとおもいます。

　国民の大半が安倍政権や官僚たちの説明になっとくできなかったように、公文書を恣意的にかきかえたり、なきものにしたりは、国会で醜悪なかたちで露呈しました。つまり、組織上の不祥事が露呈しないように、官僚組織は恒常的にごまかしをくりかえしたのであ

り、公務の相当量が、体裁をとりつくろうための「ブルシット・ジョブ」群だとうたがってさしつかえないのではと。東大法学部等を卒業し、国家公務員総合職試験（国家公務員一種の選抜制度）を優秀な成績で突破し、キャリア官僚の昇進競争を順調にかけあがってきたかれらの醜悪な論法（「東大話法」[19]「ご飯論法」[20]ほか）が国会で展開し、はずかしげもなくくりかえされる[21]。どんなに論理的に破綻していようが、国会の審議時間をつかいきってしまうまでにげまわれば、それで問題がなかったかのように処理されてしまう愚劣で醜悪なプロセス。「国権の最高機関」とはよくいったもので、国会会期中毎日何億円もの費用と膨大な人員を動員してくりかえされる「国家儀礼」は、「会議は踊る」などとシャレているばあいではないはずです。

　自殺者をだすような醜悪な処理がある一方で、それら矛盾の体裁だけととのえる「ブルシット・ジョブ」は、キャリア官僚たちの指示のもと、末端の官僚がやらされる。キャリア官僚たちは、野党から追及されたときだけ、つじつまあわせの答弁をくりかえし、そこでの醜態には全然罪悪感など感じていないらしい鉄面皮ぶり・厚顔無恥さが毎回確認できます。それをかたちばかり報じて、徹底追及することなく、ただなげくだけの全国紙やテレビ局は消極的加担者でしょう。そして、こういった腐敗した体質を結局は投票行動というかたちで批判することがなく、「ほかに選択肢がないから」などと、保守政党ばかりに与党を継承させつづける点では、選挙民の相当部分（投票にいかない人口もふくめ）は「共犯者」といえます。

　いずれにせよ、公文書の恣意的処理は、スターリン体制下の硬直した独裁体制を痛烈に皮肉ったジョージ・オーウェルの『1984年』でえがかれた体質と共通のものです（オーウェル2009）。権力中枢が

「クロをシロと位置づけたら、そう公式に記録される」「クロ→シロ等、改ざん過程は、なかったことにされる」「異議をリークしたりすれば、けされる」[22]……こういった独裁体制なら当然あるだろうとされてきた醜悪なプロセスは、実は独裁体制での現実だけではない。すくなくとも、帝国日本末期以降75年間、官僚たちの一部は「ブルシット・ジョブ」を延々とくりかえしてきた、という現実を直視する必要があります。

　東京オリンピック誘致のために、福島第一原発事故の放射線問題は充分安全な制御下にあって全然問題ないとか、東京の8月の天候は"warm"であって、競技に適しているといった、あまりにデタラメなウソをつけたのも、安倍政権・JOC・東京都など、おおくの関係者の共犯のたまものでした。たとえば東京都は、新型コロナ感染が早晩終息し、あたかも2020年に予定どおり開催できるかのようなイメージに固執した発信をやめませんでした。1年延期での開催が正式にIOCによってみとめられた途端、発表される新規感染者数が激増するといった、あまりにできすぎた展開。これら、東京開催を自明視する体制は、あたかも国内に異論がないかのように情報統制してきた公権力や、それに追従してきたマスメディアによる「総動員体制」といえます。その証拠に、延期・中止問題がはっきりと議論として浮上するや、オリンピック自体の正当性をうたがうような疑義が大量に浮上したではありませんか。

　実は、オリンピック誘致の正当性を批判する議論はもちろん、商業主義等肥大化したオリンピック自体を批判する議論は、マイナーながら、とぎれずにありました。しかし、NHKをはじめとする大メディアで、これらの異論が正面から報じられ真剣に議論されたことはなかったはずです。要するに、異論がだせないような風潮が支

配的だった。オリンピックを国民全体が歓迎し、大会成功をのぞんでいる、といった、ありもしない幻想が列島を支配していて、その欺瞞がバレたということだとおもいます。

これは、対中戦争や対米戦争継続に異論がないかのように情報統制されていた1945年までと同質の日本的体質です。戦後も、左派系のマイナーな議論は黙認されるけれども、メジャーなばで徹底討論されるようなことは絶対におきない。このような異論の事実上の封殺体質は、戦前や独裁国家だけの病理ではなく2020年の日本列島の現実でもあったわけです。

こんなおかしなことが、なぜまかりとおるのか？　「霞が関」や「東京都庁」のみならず、都心や各自治体の官僚たちが、体裁だけとりつくろう膨大な文書工作をくりかえしてきたからでしょう。これらが巨大な「ブルシット・ジョブ」群でなくて、なんでしょうか？　それら「ブルシット・ジョブ」群にそって粛々とくりかえされる「国会」とか「都議会」が、いかに空疎な儀礼の空間かは、いまさら再確認するまでもないでしょう。

2-2. 「やるべきことは全部やっています」感と「たりなかった点は充分に検討し謙虚に反省のうえ改善したいとおもいます」論で、おしとおすアリバイ工作としての記者会見

これは、のちに検討する「記者クラブ」制度の腐敗問題とセットですが、政府の閣僚や都知事等、定例の記者会見の儀礼化は、政府や自治体の「やっている」感の醸成装置にみえてしかたがありません。国会の質疑もそうですが、あらかじめ提示されている質問にこ

たえる時間が大半をしめるのです。記者クラブで展開する会見は、幹事社が司会進行し、幹事社に提出された大手新聞社やテレビ局の質問に閣僚や首長などは回答するのが責務とばかり、想定問答集的な用意のもと会見時間は進行します。そして、のこり時間をフリーの記者などが個別指名されたり抽選でわけあうシステムが支配的です。このフリーな質問には、当然想定外の疑念などが提示される確率がたかいわけですが、それらをはぐらかす当局が大半であり、そのうちに幹事社が「時間ぎれ」を理由に質疑応答をうちきってしまうのです。

　それはさておき、こういった記者会見が、たとえば県警本部発表といった空間なら、お役人が事実上の広報機関と化した記者クラブにおもしろみのない報告をして、形式的質疑ということになります。一方パフォーマンスずきの政治家のばあいは、選挙戦などを完全に計算にいれた会見をふくめ、現職の特権とばかりに、アピールのばとしてつかっていきます。

　この典型例は、もちろん小池都知事であり、築地市場から豊洲への移転問題であれ、東京オリンピック開催であれ、「パフォーマンス」だらけ。東京都民は、「都民ファースト」といったコピーにおどったし、小池都知事が2020年＝2期目の選挙でも圧勝したとおり、期待をよせているようですが[23]、コロナ騒動での「東京アラート」等、「（なにか）やっているふり」の天才としかうつりません。都議会の自民党に包囲されているとか、官邸にいじめられているとか、弱者＝挑戦者であるというイメージづくり（わかりやすい対立図式）にはたけているものの、あとで検証したときに疑問符しかうかばないような、そんな展開ばかりがうかぶと。

　豊洲市場の安全性がどうして保証されたのか、いまだにわかりま

せんし、盛夏に東京都心部でマラソン競技を開催するのが、なぜ妥当なのか全然理解できないなど、小池都知事の発言や判断に、なっとくできるものはおおくないという印象[24]がぬぐえません。

　しかし、「(なにか) やっているふり」の天才といえば、内閣の最長不倒記録をうちたてた安倍晋三氏をあげるべきでしょう。

　たとえば、石原俊「思想なき「柔軟さ」と政権にしがみつく「我慢強さ」と。安倍首相が最長在任日数を更新できた「3つの理由」」(『BUSINESS INSIDER』2020/09/02) では、つぎのように痛烈に批判されています。

　　　安倍氏は、北朝鮮による日本人拉致問題の解決、日ロ平和条約の締結 (北方領土問題の解決)、そして憲法改正の3点を挙げ、これらを8年弱の第二次政権中に達成できなかったことについて、「断腸の思い」だと述べた。

　　　とりわけ、憲法改正と北方領土問題に関する「断腸の思い」は、率直な心境の吐露だったと筆者は捉えている。

　　　〔……〕

　　　安倍氏は、自己の「権力」への執着以上に、自己の「権威」——退任後にそれがレガシーとなる——への執着が、戦後民主主義体制下の首相のなかでも並外れて強い政治家である。

　　　小泉純一郎氏を除き、首相がひんぱんに交代し続けた1990年代以後の政局にあって、安倍氏の首相としての「我慢強さ」は群を抜いていた。

　　　従来の自民党の内閣であれば、何度吹っ飛んでもおかしくないレベルのスキャンダルを次から次へと経験しても、安倍氏は首相の座にとどまり続けた。

安倍首相の祖父で、1960年安保条約を自らの辞職と引き換えに成立させた岸信介元首相。手前は幼少時代の安倍首相。その後、政治家として偉大な祖父の背中を追い続けることになる。

　そこまでして長く政権にしがみついた安倍氏でも、自己の歴史的権威を定着させるレガシーは残せなかった。

　2015年の新安保法制の導入は、特措法に基づく海外派兵が既成事実化されている現状を追認した側面が強く、安倍氏の祖父である岸信介元首相が辞職と引き換えに実現した、1960年安保条約に比肩するほどの歴史的インパクトはない。そのことは、安倍氏本人が何より分かっているはずだ。

　日ロ交渉は、国際取引や情報戦において明らかに上手のプーチン大統領に翻弄された挙げ句、北方領土のロシアによる実効支配をかえって強める結果をもたらしてしまった。

　そして、最大のレガシーになり得たはずの憲法改正は、自民党の野党時代の改憲案から大幅に穏健化させ、4項目に論点をしぼって何とか実現しようとしたが、国民世論も連立与党の公明党も改憲には消極的であり、さらにコロナ禍という予測不可能な事態も手伝って、国民投票に持ち込むことが難しくなった。

　『朝日新聞』をはじめとして、右派系からは反政府的と標的化されてきた新聞でさえ、「拉致問題の解決」「北方領土問題の解決」は、政権がかわろうが一貫して日本政府全体がかかえる外交課題と位置づけてきた「国益」とおもわれます。「外交の安倍」というキャッチフレーズにそぐわず、事実上なにも進展させることができなかった重要課題といえます。

　まして、自主憲法制定をめざしてきた右派にとっては、「集団自

衛権」を改憲せずともかちとれてしまった（それも「閣議決定」という、国会を無用化した憲政上前代未聞の手法で）＝「実績」を安倍政権があげてしまったがゆえに、改憲不要論を誘発してしまったという皮肉な結果。すくなくとも、コロナ禍で「媚中」などと指弾するまでは安倍政権の鉄板支持層だった右派勢力にとり、政権維持の最長不倒記録をうちたてながら公約を全然はたさない政権という、最大のうらぎりではとおもわれます。

さらに、古谷経衡「保守派が抱いた安倍政権への「夢」の結末〜保守派は総理に裏切られたのか？〜」（2020/08/31）によれば、「"竹島の日"式典の政府主催と尖閣諸島公務員常駐政策の反故」「1度きりで終わった安倍総理による靖国神社参拝とアメリカへの屈服」「河野・村山談話の破棄という「夢」と戦後70年談話の「裏切り」」「憲法改正という「夢」と完全挫折」等、保守派・右派層への約束は完全にほごにされつづけました。当初安倍政権に期待した右翼のひとりだった古谷さんにとっては、なまなましい記憶かと。

ともあれ、石原さんは、さらに痛烈な皮肉・逆説を指摘します。

　　……安倍氏を一般的な基準で「右派」政治家に分類することには、筆者も異論はない。

　　2001年の官房副長官時代には、昭和天皇に「有罪判決」を言い渡した「日本軍性奴隷制を裁く2000年女性国際戦犯法廷」を取り上げたETV特集の編集過程で、NHK側に忖度を求めたとされる（ただし、本人は「圧力」をかけたことは認めていない）。

　　「美しい国」を掲げた第一次政権では、教育基本法の改正を実現し、第2条（教育の目標）において、旧法になかった「伝統と文化を尊重し（中略）我が国と郷土を愛する（中略）態度を養う」と

いう文言を挿入することに成功した。

　また、安倍氏が国内最大級の右派組織である日本会議と密接な関係を持ち続けてきたことは、よく知られている。

　しかし、第二次政権における安倍氏は、そうした「右派」的なスタンスに固執することなく、思想的イデオロギーを超えてある程度幅広い「配慮」を怠らない顔と、一部の人々に対する非常に強権的な顔との、両面をもつ首相であり続けた。

　例えば、安倍氏が自民党総裁として民主党から政権を奪還した際の目玉公約、いわゆるアベノミクスが、欧州急進左派の経済政策をモデルにしていたことは周知の事実だ。

　また、第二次政権では、障害者差別解消法、ヘイトスピーチ対策法、部落差別解消推進法、アイヌ文化振興法などを次々と成立させ、多様なマイノリティの擁護者としての一面を強く打ち出している。

　石原さんは「在日コリアンや沖縄に関しては非常に冷たい態度に終始し、特に辺野古の新基地建設に関しては、選挙で選ばれた知事の意思を尊重するという地方自治の法慣行を無視して、工事を強行してきたことを見落とすわけにはいかない」としつつも、想像以上に「左派」の要望にもふるまってみせた安倍政権の「柔軟性」は否定できないことを指摘します。

　この右派から約束違反だと指弾されそうな姿勢を長期間くりかえしながら、なぜつい最近まで（いや、退陣したあとでさえ）人気をうしなうことがなかったのか?

　「うらぎり」の被害者であるとの意識がつよい古谷さんによれば、つぎのような心理メカニズムが右派に共有され、それを安倍政権は

最大限活用して延命してきたのだと。少々ながい引用をします。

　　保守派が一方的に安倍政権に対して期待し、抱いた「夢」は、ほかならぬ安倍総理自身の手によってことごとく反故にされ、夢想に終わった。しかし保守派は、多少の振幅はあっても最後の最後まで安倍政権支持を崩すことはなかった。辞任表明を受け、早くも保守界隈では「第三次安倍政権待望」や、「病気療養後の院政」を望む声まである。

　　自らの託した「夢」がことごとく「裏切られて」も保守派が安倍政権を思慕し続けた理由とは何か。それは安倍総理個人が時折見せる保守派へのリップサービスの存在であったことに他ならない。

　　2015年2月19日、衆院予算委員会で安倍総理は民主党議員の質問中に「日教組！日教組！」とヤジを飛ばし委員長から制止された。この総理による前代未聞のヤジは大きなニュースになったが、保守派にとっては日教組は朝日新聞と並んで「反日勢力」の中核をなす「仇敵（きゅうてき）」であり、仮に単なるヤジだとしても「安倍総理はやはり保守派の味方である」との印象を与えるには十分なものであった。

　　また、2017年7月、東京都議選において自民党議員の応援に立った安倍総理に「安倍やめろ！」のコールが飛ぶと、安倍総理は「こんな人たちに負けるわけにはいかないんです」と演説中にぶってこちらもまた大きなニュースになった。ここでいう「こんな人たち」とは、直接的には「安倍やめろ！」コールをした人々のことをさすが、保守派からすれば「こんな人たち」というのは、「憲法改正や中・韓強硬姿勢に反対する反日勢力」とすぐに変換さ

れ、またしても「安倍総理はやはり保守派の味方である」と留飲（りゅーいん）を下げる格好になった。

安倍政権下での保守派へのリップサービスは、2017年10月の衆議院選挙でますます旺盛（おーせー）になる。それまでみんなの党→維新→次世代の党として代議士を務め、2014年衆院選で落選した杉田水脈を衆院中国比例ブロックで17位として公認、当選させた。杉田は下野時代、主に韓国の市民団体がアメリカ等で設置した慰安婦像の撤回を強く主張し、ネット右翼から極めて強い支持を受けた人物であった。

これ以外にも、おおむね2015年〜2017年前後に、ネット右翼から強い支持と熱狂的支援を受けていた旧次世代の党の所属議員を自民党に復党させる動きがみられた。〔……〕こうした人々はすべて旧次世代の党出身者であり、第二次安倍政権が誕生すると次世代の党議員として「自民党より右」を標榜し、基本的には野党議員であった。

結果としてこうした「自民党より右」の議員を次々と復党させたり公認させたりすることで、安倍政権の保守路線はその政権中盤以降、きわめて色濃いものになっていった。そしてこうした「自民党より右」の議員らは、彼らに水平的につながる保守派や保守界隈、ネット右翼に強い影響を与え、また強烈な支持を受け続けることによって、保守派の留飲を下げることにつながった。

また閣僚人事においても、例えば稲田朋美を防衛大臣に抜擢することにより保守派の支持はゆるぎなく補強された。稲田は元来、日中戦争における「日本軍将兵の100人斬り」はでっち上げであるとして裁判を起こし、完全に負けたものの、その行為は愛国的であるとして保守論壇に登場し、保守派からは気鋭の女性論客（弁

護士）として認知された。

　稲田の代議士としての初当選は小泉時代（福井1区）だが、第二次安倍政権では防衛相の要職にまで重用されるに至った。稲田は先の大戦を「自衛のための戦いで侵略戦争ではなかった」とする保守派の歴史修正的な価値観をトレースしている。第二次安倍政権によって河野・村山談話が破棄されないばかりか、それを継承するという方針になっても、こういった保守派にウケの良い議員を重用することで、保守派には「安倍総理はやはり保守派の味方である」と納得させ、安心させる材料となった。

　それ以外でも、2017年の衆院選大勝以来、沖縄の反基地活動家を「中国の工作員」と批判する在沖の女性活動家らとインターネット番組で共演するなどした。これは2018年の正月におけるネット番組「言論テレビ」に於いてであり、この番組を主催する会社の取締役会長は保守派の重鎮である櫻井よしこで、この日の番組には櫻井も出席している。安倍総理の「保守系民間番組や雑誌」への登場は政権後半にかけてますます旺盛となり、保守系雑誌の『HANADA』にも総理インタビューがたびたび掲載されるに至る。またコロナ禍の対応で、これまた保守派の重鎮である百田尚樹らから批判を浴びると、2020年2月28日、安倍総理は総理公邸で百田らと会食をしている。

　このような状況には些末な事例もあるが、常に保守派に向けてのリップサービスの一環として行われた。第二次安倍政権では縷々述べたように保守派が政権発足以前から一方的に期待する「夢」に対し全く応えてこなかったが、彼らを繋ぎとめるための総理個人の「顔見せ」的登場や言動が、常に、そして最後まで「安倍総理はやはり保守派の味方である」という安倍擁護最大の切り札と

して提供され続けた。 （古谷、前掲）

　石原さんが強調する意外な「左派」性の側面に反して、「安倍総理はやはり保守派の味方である」というイメージを維持しえたのは、「やっている」感の演出の天才だったから（もちろん「チーム安倍」による共同作業）というほかありません。総理大臣になるための布石として新党の党首となる必要があり、都知事というポストもその通過点でしかない小池都知事とことなり、安倍首相は、右派をだまそうとしたわけではないでしょう。しかし、「北方領土問題」「拉致被害者問題」「憲法改正」という三大公約は、冷静にかんがえれば、到底実現不可能な課題でした[25]。だとすれば、自己欺瞞もふくめ、第二次安倍内閣とは「やっている」感だけを最後までひっぱることで延命しつづけた「ブルシット・ジョブ内閣」といえそうな気さえしてきます。タイムリーに右派へのリップサービスをくりかえすことでイメージ戦略を維持し、一方、気がすすまないものの、三大公約と比較すれば、どうでもよく感じただろうリベラルな方向性への関与で、野党にもはなをもたせて国会運営をたくみにすすめる。これこそ最長不倒政権の秘訣だったと[26]。

　しかし、「ブルシット・ジョブ内閣」は第二次安倍内閣の独自性でしょうか？「ブルシット・ジョブ」に終始していそうな官僚たちが黒子となってきた国会は、もともと「ブルシット」空間なのではないでしょうか？　だからこそ「やっている」感の醸成装置こそが、儀礼空間としての衆参両議院なのではないかと。

2-3. 政府・自治体・企業のメンツと訴訟、そして「水際作戦」

　ことは、「議会」周辺の「ブルシット・ジョブ」群の醜悪さにとどまりません。

　みなさんは、政府や各自治体、民間企業などが被告となった訴訟の記事をたくさんみききしてきたとおもいます。そこに一貫していること、共通している性格がおわかりでしょうか？　端的にいって、それは労災認定などこまごましたこともふくめ、補償や賠償金などをしはらうたちばになりかねない公権力や企業が、「1円だって、はらうもんか」という、かたくなな姿勢で対抗する点です。被爆者であるかどうかの認定も、水俣病など公害の被害者としてみとめるかどうかも、ともかく、公権力や企業は、あたかも「納税者や投資家が不利益をこうむらないよう、不当な要求に屈することなくたたかいつづける義務がある」とでもいわんばかりの姿勢で訴訟をうけてたちます。決して、「それはもっともな主張だな」などと、すなおに原告の主張をうけいれて、和解交渉にはいる、といったことはありません。

　しかし、「納税者や投資家が不利益をこうむらないよう、不当な要求に屈することなくたたかいつづける義務がある」という、一見もっともらしい論理は、非常にあやしいとおもいます。なんのことはない。「公権力およびステークホルダーに貢献する大企業に、あやまりなどありえない（御上＝無謬論）」というメンツ＝正当性維持が最大の基盤なのだとおもわれます。

　筆者が「謝罪拒否系ウイルス」と命名した知的病原体（ましこ2020）が、公権力や企業には巨大な病巣をもたらしている。この知

的病原体に感染し発症することこそ、「ブルシット・ジョブ」にマヒし、あるいは、職務として我慢するしかないのだと思考停止させるのではないでしょうか。

　訴訟関連と並行して、「1円だって、はらうもんか」という、かたくなな姿勢がめだつのは、生活保護申請への抵抗です。各自治体は、なるべく申請を受理しないように、申請者をおいかえしたり（もちろん「説得」してですが）、さまざまな「水際作戦」をとっていると、批判をあびてきました。

　　　このような人口比の生活保護者率が高い都道府県の一部地方公共団体の生活保護行政における「水際作戦」が採られた、福祉事務所において保護申請の受付を拒否することで、生活保護の受給を窓口という「水際」で阻止する方策である。日本国憲法第25条を基に制定された生活保護法で保護請求権によって、いったん申請されてしまうと多くの場合は保護を開始しなければならないことから、違法に申請を拒否しているとの指摘が、全国生活と健康を守る会連合会や日本弁護士連合会などからなされている。

　　　日本弁護士連合会の2006年調査によると、福祉事務所に行ったことがあると答えた180件のうち、118件で福祉事務所の対応に違法性が見られたとして、担当職員の「門前払い」の問題も、各地の弁護士会から指摘されることもある。

　　　保護請求権を行使する具体的な方法である保護の申請は、国民の権利として保障されており、こうした対応は違法行為であるが、福祉事務所がこのような対応を行う背景として、昭和56年11月17日厚生省社会局保護課長・監査指導課長通知 社保第123号「生活保護の適正実施の推進について」、いわゆる「123号通知」の存

在が指摘されている。「123号通知」自体は、暴力団関係者が絡んだ不正受給を契機として、申請書に添付する関係書類などを定めたものである。生活保護扶助費用の1/4および現業員の給与は自治体予算から支出されるため、生活保護受給者の増加が財政の大きな負担となっている。

日本弁護士連合会は、「現業員ですら生活保護法を正しく理解しておらず、生活保護に対する誤解と偏見を持っており、保護利用者に対し強い蔑みと不正利用に対する警戒心がある」「そうした現業員には生活保護申請が権利であるとの認識はなく、哀れみや施しの意識が存在している」と述べる。

一部の役所・役場では、保護申請の書類自体が訪れた人の手の届かない内部に置かれている（住民票の写し申請書などは、このような扱いはされていない）という……

（ウィキペディア「生活保護問題#生活保護費抑制と水際作戦」）

これもすこしふるいデータですが、厚労省自身が、つぎのように、生活保護を受給して当然の世帯のうち、現実には一部しか利用していないことは、理解しているのです。財政難などを理由にこばんでいい根拠などカケラもありません。

厚生労働省においても、……「生活保護は申請に基づいた制度であることから、調査から得られた「保護世帯比」が、申請の意思がありながら生活保護の受給から漏れている要保護世帯（いわゆる漏給）の割合を表すものではない」としている。「捕捉率」という言葉は使用する者もいるが、公的機関では統計資料含め、生活保護受給率と表記している。

生活保護には所得要件だけでなく資産要件があるため、所得
が生活保護支給基準以下となっても、葬祭費の備えなどの預貯金
や保険等が最低生活費の半月分以上ある場合は、生活保護の要件
を満たさない。生活保護要件水準の者の生活保護受給率（生活保
護補足率）は、調査によると、フランスでは91.6%、ドイツでは
64.6%、イギリスでは47-90%、日本は15.3-18%となっている。

　〔……〕

　厚生労働省の国民基礎調査を用いた推計では、2007年の時点で
世帯所得が生活保護基準に満たない世帯は597万世帯（全世帯の
12.4%）であるのに対し、実際に生活保護を受けている世帯は108
万世帯（全世帯の2.2%）である。世帯類型別では、世帯所得が生
活保護基準に満たない世帯は高齢者世帯が141万世帯、母子世帯
が46万世帯、その他の世帯が410万世帯であるのに対し、実際に
生活保護を受けている世帯は高齢者世帯が49万世帯、母子世帯が
9万世帯、その他の世帯が50万世帯である。

（ウィキペディア「生活保護#生活保護受給率・保障水準」）

　生活保護制度を利用しない動機の相当部分は、「はずかしい」と
か「もうしわけない」[27]とか、「実家／前夫にしられるのはこまる」
といった理由のようですが、利用しづらく感じさせる制度は、そも
そもおかしいし、世帯ごとの私的事情にくびをつっこんで、親族で
たすけあわないのがおかしい、といった論法を自治体がもちだす方
が違法なのです[28]。いずれにせよ、違法な「水際作戦」の遂行とは、
「ブルシット・ジョブ」の最たるものといえるでしょう（「尻ぬぐ
い」作業のみならず、比喩でない「脅し屋」という「賤業」です）。

2-4. 法曹共同体というムラ社会

『99.9―刑事専門弁護士―』という人気ドラマがありました（2016/04/17-2016/06/19，2018/01/14-2018/03/18）。検察に起訴された被告人のうち、無罪をかちとるのは1000人中2人にみたないという、刑事統計をベースにした法曹ドラマです。

これらの現実については、法務省「我が国の刑事司法について，国内外からの様々なご指摘やご疑問にお答えします。」[29]といったサイトがあり、公式には回答ずみとされているようですが、これに国民の大多数がなっとくできているなら、ドラマなど制作されなかったはずですし、刑事司法の研究者が、つぎのような異論をとなえるはずもないでしょう。

> 村井敏邦／村岡啓一「有罪率99.9％の謎：裁判官、検察官、弁護士はそれぞれの役割を果たしているのか？」
>
> （『nippon.com』2018/07/23）[30]

端的にいえば、「うたがわしきは被告人の利益に」という刑事裁判の基本である「推定無罪」原則を裁判官がまもれていない。つまり、1000人起訴したら999人ほどが有罪となるような自信を検察がわがもっているため（有罪にできるという自信がもてなければ、起訴猶予や不起訴にしてしまう）、裁判官は、上訴されて逆転無罪をだされたくないとの「検察官恐怖症」をかかえているというのです。

――なぜ、このような高い有罪率になるのでしょうか？

村岡　それはもう検察が有罪確実なものしか起訴しないから、ということになりますね（笑）。日本の場合は検察官が起訴裁量という大変大きな権限を持っていて、有罪立証が可能であってもあえて起訴しないという選択もできる。これはこれで大変意義のある制度なのですが、先ほども言いましたようにおよそ6割が起訴猶予として、検察官のところで処分が決定してしまっている。一方、起訴した事件は、石橋を叩いて渡るぐらい有罪が確実なものに厳選していますから、純金の精度と見まごうばかりの有罪率を誇ることになるのです。

村井　確かに「精密司法」という考え方で、検察官が事件をかなり絞って起訴をしている。しかし起訴された中でもちろん無罪主張もあるわけです。それに対して、裁判官がきちんと耳を傾けているかというところが問題です。

　検察官の権限に対する裁判官の意識について、「検察官恐怖症がある」と告白する裁判官もいます。無罪を出すということが非常に大変だということです。もし無罪判決を出したら、検察側はほぼ間違いなく上訴する。自分が判決を出したものを上訴されてひっくり返される可能性を考えると恐くなるのです。だから裁判官は有罪を書くより無罪を書く方がとても難しくなってしまっています。

（同上）

　つまるところ、警察が逮捕・送検するプロセスとことなり、検察・裁判所には「無謬論」とでもよぶべき、メンツが通底している。おそらく、日本で最難関にある司法試験での上位合格者同士という「同志」意識が、たがいのメンツを補完しあう力学をうんでいるのです。

現実には、少数ながら冤罪をなくせない司法制度という実態があります。警察・検察が弁護士を介在させない密室での調書作成をとおして、孤立した被疑者を心理的においこむ集団リンチ的なプロセスが温存されており、とりしらべ過程の全面可視化（録画・録音化）には、ほどとおい現状があります。時代錯誤な「自白」至上主義が払拭されておらず（つまりは「推定無罪」原則など空洞化）、意識が朦朧（もうろう）とした状態での「同意」であるとか、みとめたらだしてやるといった甘言を弄するなど、密室での人権侵害が横行してきたと（小田中 1993，浜田 2001, 2004, 2018，今村 2012）。

　「障害者郵便制度悪用事件」（2010 年）のケースでは、「大阪地検特捜部主任検事証拠改ざん事件」という権力犯罪まで発生する始末で、村木厚子厚労省局長（当時）は、ぬれぎぬをきせられて真犯人とされそうになったのです。検察は証拠を捏造（ねつぞう）してまで犯人をしたてあげる組織らしいという、疑念までよびおこしました。弁護士もふくめ、検察内部を監視する装置・制度がないのですから、証拠隠滅・捏造はもちろん、はどめになるものなどありません（ただ、検察内部での自浄作用に期待するだけ）。裁判官が、検察の起訴状につけられた「証拠」以外のデータを参照できるとしても、それは検察にコントロールされなかった領域での被告弁護がわの証拠のみ。検察の圧倒的優位は、絶対にかわりません。

　そもそも裁判官には、上級審の判断以外にミスをとがめられる制度がありません。最高裁での合議制（少数意見の存在等）でも明白であるように、判事に判断ミスがないといった無謬論はナンセンスなのに、上訴を断念するといった事態が生じれば、かりに判決文に瑕疵（かし）があろうが、判決は確定してしまいます。また、冤罪発覚や判例の変遷などをみれば、裁判官は、現実にミスをしたり、後世「時

代おくれの判断だといえる」といった可能性をつねにかかえていることがはっきりしています。しかし、裁判所の外部に対しては、つねに無謬を演出しつづけるのです。

　スポーツの審判が、対立するプレイヤー／球団の認識を裁定し、やりなおし以外は、どちらかの肩を持つ。それは、ヘーゲルが弁証法と称して「正−反−合」という三角形モデルを提示したように、主張者Aと対立者Bにシロクロつける権限が裁判長にあるのと同形です。弁証法的序列＝審級のもと、判事は裁定者として検察・被告弁護人より上位にいなければならない。そして当事者は、上級審による否定をまつ以外ない（裁判所外でまつ支援者たちに「不当判決」などと、のぼり等でアピールしても、法的には無意味）。そのとおりです。

　しかし刑事裁判のばあい、裁判官は圧倒的に優位にある検察に基本的に疑義をいだかず、「起訴した以上、自信のもてる証拠と立論が準備万端だよね（精密司法）」という、暗黙の了解を共有してきた。これが現実です。密室で作成され、外部からのチェックをいっさいうけない検察の体質が、冤罪をうまない方が不思議でしょう。そして、検察が「精密司法」という理念のもと起訴に慎重になればなるほど、事実として起訴≒有罪となり、無謬論が強化されることはもちろん、性犯罪や公職選挙法がらみの被疑者がどんどん不起訴などにおとしこまれ、正義が実現しないことにも、なりかねません。そうなると、検察や裁判所は、自分たちが「ブルシット・ジョブ」をこなしていると、罪悪感をおぼえたりしないような人材だけがいきのこり、市民意識からおそろしく乖離した事実認識しかできない感覚マヒ集団と化すのではないでしょうか？

　「推定無罪」原則を自分たちの無謬論のために悪用して、安易に

不起訴を乱発する。「推定無罪」原則を遵守しているようなポーズは維持しつつ、「精密司法」論にあまえて、上級審でひっくりかえされないような判決文の完成度にだけ集中する裁判官などが漸増する。これは、被告人が到底理解できないような法律用語がアタマごしにとびかう法廷という特殊な空間ゆえに、手術室とあい通じる、批判をゆるさない特権性が自明視されていることを意味します。一部の法学者やジャーナリストだけしか批判力をもちえないとすれば、おそろしいはなしです。そもそも、裁判官のおおくは、法学者やジャーナリストらの批判を司法の「外野」とみなしており、意識しているのは上級審の判断だけでしょう。原告弁護団周辺の「不当判決」といった風習なども、冷笑しているはずです。

　そして、こういった市民をみおろした姿勢から裁判官が解放されないかぎり、司法制度改革の本旨など実現するはずもないし、欧米のような司法の民主化は絵にかいたモチでしょう。

　また、指揮権発動といった、検察への露骨な介入が制度上ゆるされている内閣のありようや、そもそも、法務省と検察が組織的に癒着しすぎている以上、検察の起訴権自体、政府の規制のもとにあるわけですから、検察が独立した組織として自律性を維持できると楽観視する方が奇妙です。三権分立といいながら、政府を牽制できるのは国会と裁判所にすぎず、政府の一部にすぎない法務省から独立的でない検察は、政府を牽制できる組織のはずがない。この無残な現実（それは、欧米社会も同様な面はあるわけですが）を直視すべきでしょう。すくなくとも、こころある検察官は、自分がとりくんでいる刑事事件、とりくむことができないことになった刑事事件などについて、「ブルシット・ジョブ」を自覚する機会が多々あると想像するものです。

2-5. とまらない公共工事や在沖米軍基地・原発銀座の死守など、うごきだすととまらず、とまると永続してしまう巨大な惰性体

　大河・長江の巨大な水量をうけとめてきた三峡ダム（中国湖北省・水力発電用落水式ダム，2009年〜）周辺で異例の雨量が長期間つづいた件に、決壊し下流の上海市街などが水没するのではないかという懸念がメディアをにぎわしました（ウィキペディア「2020年中国大洪水」）。ネット右翼を中心とした反中派市民たちは、「中国水利省の葉建春（イエ・チエンチュン）次官は6月11日、記者会見で「水害防止対策により今は建国以来の最大の洪水を防御できているが、想定以上の洪水が発生すれば、防御能力を超えた『ブラックスワン』の可能性もあり得る」と口にした」（『ニューズウィーク日本版』2020/07/06）といった報道にわきたって、つぎのようなコメントもみられます。

　　　「世界中にコロナ広めた天罰だな　もう知らんがな」「何だかんだで何とかするでしょう中国政府は。人命はどっかに置いといて、何処かの地区を犠牲にして崩壊は防ぐでしょう。」「有りうるでしょうね。そうなれば従来だと皇帝の徳が衰えたとなって易姓革命、天命が共産党の皇帝から去り新たな皇帝下るわけだ。それ以外にも原発事故も有ると思うよ。中国の原発は日本の技術者が信じられない事をしていると書いていたのを見たことがある。」

　　　　　　　　　　　　　　　　　　　（同上，コメント欄から）

　これらは、完全に「対岸の火事」視ですし、「自業自得」論がか

らんだ侮蔑意識があらわになっているといえます。

　実際、はげしい異論にさらされた「三峡プロジェクト」は、発電技師出身のテクノクラート胡錦濤元党総書記（1942−）や李鵬元総理（1928−2019）ら共産党の重鎮の暴走との見解が脈々と継承されてきました。「汚職の温床」であるとか、さまざまな社会問題や計画上の破綻が露呈したからです（ウィキペディア「三峡ダム#2020年中国大洪水」）。

　しかし、日本社会は、このような中国での事態を開発独裁などの病理として一笑に付すことができるでしょうか？

　佐久間ダム建設がかかえていた問題を実証的に解明した町村敬志（2006, 2011）などでもたしかめられたように、日本のダム建設は、おせじにも、まぎれもない公益にそったプロジェクトばかりではありませんでした。そして、ウィキペディア「ダム建設の是非」、同「八ッ場ダム」などにあたっただけでも、公共工事の代表例といえるダム工事は、はげしい反対運動や建設の長期化など、地域住民の生活に大混乱をおこしつつ、基本的には、建設計画はとまらないのが常態でした。要するに、官僚機構がプロジェクトを計画し予算を正式につけるよう国会で承認されてしまえば、ダムにかぎらず公共工事の大半は、「だれもとめられない巨大な惰性体」と化すといえそうです。たとえば反対運動の過程で警官をふくめ死傷者をたくさんだした三里塚闘争（成田空港問題、1966〜）などのばあい、1990年代に政府がわが正式に謝罪するなど、空港用地の接収過程に深刻な問題があったことは、明白です（ウィキペディア「三里塚闘争#政府の謝罪と和解」）。

　これは、おなじ電源開発の結果うまれた原発銀座などについてもあてはまります。旧通産省（現：経産省）や科技庁が東電・関電な

ど電力会社とタイアップした原子力発電所は、反対運動をつぶしながら建設用地を確保し、原発がどんどん建設されていきました[31]。福島第一原子力発電所事故で発覚したように、炉心をひやすために海水をもちいることを前提とした日本の電力会社・旧通産省・科技庁などの安全基準が全然妥当でなかったことは、津波被害など地震大国日本という地質学上の欠陥を過小評価してきた現実（電源喪失リスクなどについての、あまりに楽観的な設定）を露呈させました。しかも、福島第一原子力発電所事故ですべての原発が運転停止においこまれたのに、各地裁では、しろうとの判事が「安全」認定をおこなって、つぎつぎと再稼働がはじまっています。電力会社が本気になり「原発予定地」としてしらはのやがたったら、「原発銀座」の建設はとまらないし、事故でもおきないかぎり稼働もとめられないのです。うけいれ地域の住民には、ふるくなった原子炉を廃炉にしろと要求することさえ、できなくなる。「一度つくられたら用地は半世紀は返還されない」構造があるといえそうです。

　「うごきだしたらとめられない公共工事」のグロテスクな事例かつ原発同様「一度つくられたら用地は半世紀は返還されない」ケースとして、米軍基地の用地接収があります。

　在日米軍基地のおおくは、帝国陸海軍の飛行場等を接収して設置されました（多摩陸軍飛行場→在日米軍司令部／在日米空軍司令部／国連軍後方司令部ほか、立川陸軍飛行場→アメリカ空軍立川基地→基地返還、厚木海軍飛行場→アメリカ軍管理、横須賀鎮守府ほか→アメリカ軍横須賀海軍施設＋海上自衛隊横須賀基地etc.）。そして、一部は拡張工事が計画されたことで、はげしい反対運動がおきました（ウィキペディア「砂川闘争」など）。

沖縄島付近についても、同様な経緯はあり（帝国陸軍航空隊中飛行場→米空軍嘉手納基地、帝国陸軍沖縄北飛行場→米軍読谷飛行場→米軍読谷補助飛行場、帝国陸軍伊江島飛行場→米軍伊江島補助飛行場etc.）、旧帝国陸軍が造成した飛行場が接収されたのですが、沖縄島については、「銃剣とブルドーザー」とよばれる、米軍による民間所有地の強制収容が発生したのです[32]。

　　戦争終結後、アメリカ政府は沖縄県は独自の国（＝かつての琉球王国）で、日本人（大和民族）に同化された異民族としてアメリカ軍政下に置いた。しかし、朝鮮戦争の勃発によってアメリカ政府の琉球に対する見方は「東アジアの要石」へと次第に変化し最前線の基地とされると、アメリカ本土からの駐留アメリカ軍が飛躍的に増加した。旧日本軍の施設以外に、米軍は軍事力に物を言わせ、住民の土地を強制的に接収した。いわゆる「銃剣とブルドーザーによる土地接収」である。（ウィキペディア「沖縄県の歴史#アメリカの統治による琉球政府」）

　　沖縄戦のただ中、もしくは終戦後、米軍は住民を収容所に強制隔離しながら土地を接収し基地建設を開始。1945年6月15日に造成に着手した普天間飛行場などがこれにあたる。〔……〕1953年、米軍は必要とすれば地主の同意なしに土地を接収できるとする布令109号「土地収用令」を公布し、真和志村銘刈・具志、宜野湾村伊佐浜、伊江村真謝など、一連の強制的な土地接収を開始した。いわゆる「銃剣とブルドーザー」といわれる強制接収の中で、人々は再び土地を奪われ、ボリビアやブラジルなどへの海外移住を余儀なくされるものも多かった。

（ウィキペディア「沖縄の米軍基地」）

> アメリカ軍は演習地や補給用地、倉庫群などの用地として、次々
> に集落と農地を強制的に接収した。特に現在の宜野湾市の伊佐浜
> の田園地帯と伊江島では集落ごと破壊され、大規模な土地接収が
> 行われた。住民はこれらの様子を「銃剣とブルドーザーによる土
> 地接収」として例え、アメリカ軍の強権の代名詞となった。
> （ウィキペディア「アメリカ合衆国による沖縄統治#米軍と沖縄住
> 民との対立」）

　これら在日米軍による国際法違反のかずかずは、あきらかに軍事
植民地として支配する空間での無自覚な組織犯罪です。そして、こ
れらは、日本政府がからんだダム建設や空港建設での土地収用とは
次元のちがう粗暴な姿勢でした。日本人から異民族視されている被
差別集団なのだという人類学者や歴史学者の研究成果をふまえて、
計画的に占領したはずなのに、実際に占領地でくりかえした蛮行は、
帝国日本以上に過酷で恣意的なものでした。

　重要なのは、原発銀座において、原子炉が老朽化したら新炉を造
成すべきだといった「固定化」の論理と同質の「迷惑施設の集中」
が維持されることです。たとえば、普天間飛行場は民間居住地のな
かに埋没したような立地にあるので、安全上問題があるという結論
からみちびきだされたのは、辺野古など近隣の地域に代替施設を確
保するといった感覚です。

　実際、普天間飛行場は「沖縄米兵少女暴行事件」（1995年）を契
機に返還を前提とした日米政府の協議がはじまり、「普天間基地移
設が持ち上がった1996年当時では、5年から7年以内の返還を目標

としていた」[33]のに、四半世紀にわたって事態はまったく進展していません。そもそも、巨大な軍事基地が返還されるとなったとして、5年とか10年といった期間で返還事業がはこぶわけではないのです[34]。そして、代替地として、しらはのやがたった辺野古等の代替地では、現地住民がひきさかれ、反対派住民が機動隊や警備員ともみあい、反対派が暴行をうけたり逮捕されるなど、混乱がつづいてきました[35]。

在日米軍基地を「軍都」として基地経済に依存する業者・商店街などの利害はともかくとして、爆音や落下物問題が頻発する米軍基地は「巨大迷惑施設」の典型例です。軍用機が実際墜落する事件などもおきてきた以上、基地周辺は明白なハイリスク空間です。それなのに、「代替地辺野古などでの反基地運動が普天間飛行場返還のさまたげになっている」といった論難を右翼はくりかえすし、そういった米軍べったりの擁護論を日本政府は追認してきました。実際、「辺野古に新基地がさっさとできれば普天間飛行場も返還されるのに」と防衛省幹部や官邸などは、信じているのでしょう。しかし、普天間飛行場がかりに全面返還と決定しても、実際に基地機能が停止するまで（つまりリスクが事実上０になるまで）何年もかかるし、そのあいだは、世界に類をみないハイリスク空間が放置されるのです。

しかも、全面返還決定は、新基地完成まぢかとならないかぎり発せられないはずですから、基地造成に全然なじまない軟弱地盤問題の浮上などをかんがえれば、政府でさえ10年以上かかると試算し、普天間返還は2030年代後半とみているのです[36]。1995年に返還が検討されたのに、普天間飛行場周辺の住民の安全は2040年ごろにようやく実現するとは、約束違反というほかないでしょう。辺野古新

基地反対の住民に責任転嫁するのは、みぐるしい。そもそも、軟弱地盤問題が指摘されるようなムリすじの用地選定がまちがっているし、沖縄県内に移転さきを限定した政治判断自体が、極度に差別的なのですから[37]。

ちなみに、2016年には大阪府警から動員された機動隊員が、辺野古に隣接する東村高江周辺の米軍ヘリパッド建設反対派住民に対して、「土人」「シナ人」よばわりして、はげしい批判をあびました[38]。「土人」よばわりしたのは、沖縄県警の警官ではなく、大阪府警から動員された機動隊員[39]。しかも、「土人」よばわりされたのは、よりによって現代沖縄を代表する作家・目取真俊さん[40]。沖縄の一級の知性といえる目取真さんのことなど、県外から動員された機動隊員は無知だったからこその「ヘイトスピーチ」だったとおもわれますが、皮肉な構図は、わらえないコントラストをしめしました。日米両政府からすれば、府警の機動隊など一個の「走狗（そうく）」にすぎません。そんな存在でしかない警官が、「土人」よばわりできたのは、沖縄現地を「日本」の植民地と認識し、住民を平等な国民とみなしていないからです。

そして、「人類館事件」（1903年）という、沖縄住民をふくめた非西欧人・非日本人を、いきたまま動物園のように「展示」して各国政府から批判をあびた事実など、当然大阪府警は事前レクチャーなどしなかった。おそらく、擁護した大阪府知事や沖縄・北方大臣なども、こういった歴史的経緯など無知なまま「放言」しただけ……こんな構図でしょう。わきまえたうえでの発言なら一層悪質と。

反対派住民から、どんなに罵倒（ばとー）されようが、超然と無視するのが機動隊員らの職務規範。かりに挑発があったにせよ、侮辱的表現を住民にあびせて威嚇（いかく）するのは御法度（ごはっと）です。しかし、無知で野卑なか

れは、我慢ができずヘイトスピーチにおよんだ。「ムリもない」などと擁護するのは、政府など基地建設推進派だけでしょう。筆者には、このヘイトスピーチと擁護は典型的な「ブルシット・ジョブ」にみえます。有害無益である放言であることはもちろん、そもそもあってはならない暴言だからです。しかし、グレーバーがのべるような構図と比較して、機動隊員も閣僚や大阪府知事も、高報酬ゆえにイヤイヤ発言したとは到底おもえません。サディスティックにバッシングし、それを当然視した言動だったとおもわれます。

　罪悪感がともなうかどうかは、「取り巻き（flunkies）」が現実の矛盾をカムフラージュしてくれるかどうかにかかっているかのようなグレーバーの見解に同意できないのは、こういった、植民地主義にからまる攻撃性＝サディスティックな心理を視野におさめているからです。

　また、社会貢献のちいささやマイナス面での作用と反比例するかのように不当にたかい報酬が約束されている（罪悪感をマヒさせるモルヒネのようなやくわり）という図式に全面的に賛同できないのも、そういった心理的コストのうめあわせ機能は、公的セクターでは不要かもしれないとふんでいるからです。かの機動隊員は、府警の幹部たちとちがい関西圏の民間企業の平均的給与にまさっているとはおもえません。しかし、かれらは薄給をうめあわせるに充分な国権の実行部隊というほこりがあり、「土人」よばわりして市民を侮辱できる権力によろこびを感じているのではないかと。

　一方、大阪府知事や閣僚は、いくえにも「取り巻き（flunkies）」たちが現実をカムフラージュしみえなくしてくれているばかりか、俸給もたかい。かれらの倫理水準からは、機動隊の「失言」を誘発するような反対派の「暴言」に反論し、機動隊員を擁護するという

てま＝コストがたかいと感じるような繊細さはないでしょう。「失言」を誘発するような、反対派の「暴言」は「土人」らしさの象徴であり、それを侮蔑するのは、イヤイヤながらの作業などではない。そしてそれは、沖縄に米軍基地をおしつけつづけることを是とする右派系市民にアピールし、つぎの選挙等で優位にたつための重要な布石であると、まえむきにとらえているのではないか？「自分は、いいことをいうすぐれた政治家だ」などと、自己正当化することはあっても、「面倒だけど、発言しておかねば」といった、義務感などは、からんでいないのではと、おもいます。

2-6. アセスメント・コンサルタントなど、デタラメすぎる試算・指南＝「書類穴埋め人（box ticker）」のふりまく幻想が構築する白日夢。のこされる「廃墟」「負債」

　新型コロナウイルスのパンデミック化によって、「2020年東京オリンピック」の2021年夏季への1年延期自体が公然と疑問視されるようになりました。しかし「ラグビーワールドカップ2019」（日本開催）の大成功などもあいまって、2020年初頭まで、その開催をあやぶむ層は例外的少数だったとおもわれます[41]。それが、1年延期が正式決定した2020年3月24日前後には、公然と中止論さえかたられ、東京大会のみならず、近代オリンピックの存続自体を疑問視する議論さえふきだしました。

　実をいえば、オリンピック反対論は、マイナーながら以前からずっととなえられていました。たとえば『オリンピックと商業主義』(2012)、『東京オリンピック「問題」の核心は何か』(2016)、『オリンピック経済幻想論〜2020年東京五輪で日本が失うもの』(2016)、

『反東京オリンピック宣言』(2016)、『東京五輪後の日本経済』(2017)、『やっぱりいらない東京オリンピック』(2019)、『で、オリンピックやめませんか？』(2019) と、東京招致決定の2013年以前から開催予定前年まで、ほそぼそとですが発信されていました。一方、マスメディアのほとんどが東京招致に賛同し、おもてだって異論をとなえたりしなかったのです。

たとえば、「オリンピックの東京招致になぜ反対？」(『しんぶん赤旗』2009/03/18) といった論調はきわめて異例であり、大勢としては「(体制に) なんでも反対の日本共産党」といった、冷笑的なあつかいだったと想像されます。しかし、大会延期の決定がなされたあと、首都圏をはじめとした新型コロナの大量感染をまのあたりにした市民は、欧米やブラジルなどでの感染者急増も背景に、公然と「開催は無理」と主張しはじめます。もちろん、これらは、共産党をはじめとする支配的体制に批判的な勢力による反対論ではなく、単純にパンデミックが終息しない世界に、グローバルな世界大会開催は危険すぎる、という判断です。しかし、論調を丁寧にみていくと、開催費用の肥大化や放送権料の高騰にからむ開催時期のムリな拘束など、オリンピックの病理にも視線がおよんでいる様子があきらかです。巨大な「町おこし」を総動員的にささえて、国民あげての一大イベントとしてもりあげるのに何の異論がある、といった支配的な雰囲気は、きえさりました。

たとえば「福島での事故と汚染水の問題は制御できており、五輪には影響しない」[42] と日本政府がどんなに強調しようと、すくなくとも漁業関係者が懸念する風評被害リスクが払拭できない以上、汚染水問題が制御できていないことは明白です。「五輪には影響しない」というのは、汚染問題をないことにするという政府のみがって

な解釈でしょう。むしろ、汚染水問題や避難民の帰還事業など問題山積の復興事業から必死に視線をそらそうとする姿勢を、諸外国からみすかされた五輪誘致だったことが、かえって露呈してしまったといえます。

　それはともかく、開催地東京の経済波及効果の試算は、超楽観的なものでした。

　　「大会開催に伴う経済波及効果」（東京都2017/03/06）[43]
　　「東京五輪の経済効果、全国で32兆円　都が30年まで試算」（日経2017/03/07）[44]

　しかし、こういった「試算」は、「レガシー効果」など実態がつかめない、あやしげな根拠からみちびきだしたものでしかありませんでした[45]。たとえば、森田浩之「東京オリンピック「経済効果予測」のオカシさを暴こう　「7兆〜32兆円」の根拠ってなんだ？」（『現代ビジネス』2017/06/30）[46]といった、痛烈な批判さえだされていました。

　こういった経緯を冷静にふりかえれば、官僚やシンクタンクの研究員たちの「試算」の本質がみえてこようというものです。乱暴にラフスケッチすれば、つぎのようになるかとおもいます。

　(1)「試算」での数値は、最大限楽観的にみつもり、スポンサーをよろこばせる。
　(2) 自然災害等、予測しても無意味な不安定要素も、いっさい視野におさめない。
　(3) 左派系など反体制的勢力などの批判的見解は「雑音」として、完全無視する。

(4) 試算が所期の目的等とどの程度合致していたかの後年の検討
　　は、あるかもしれないが、ないかもしれず、そもそもその時点
　　では当初のスタッフは異動していて、定点観測できる人物はい
　　ないので、道義的責任等はとわれないと、ひらきなおる。

　オリンピックやワールドカップ、巨大博覧会などには、税金が拠
出されるので、公金の適切な処理がおこなわれたかどうか、議会や
オンブズマンなどがチェックするのは当然です。しかし、長野オリ
ンピック誘致運動関連の公文書がみつからないといった風聞もある
ように、官僚組織や議会に、そもそも透明性や倫理感をもとめるの
は、まちがっているかもしれません。きちんとしたチェックを要求
しない居住者・有権者の民度次第なのですから。
　そして、これら公金の巨額の支出とそのための事前の試算・予算
化についてはもちろん、イベントにかぎらず、ダムや自衛隊基地新
設など、ありとあらゆる税金がらみの公共工事にもあてはまります。
一例だけあげれば、沖縄の辺野古新基地建設では、「(地盤のかたさを
測定するための＝引用者註) ハンマーを落下させる前に、サンプラー
をセットした段階でズブズブと地中に沈んでしまって測定できない
状態。マヨネーズのような超軟弱地盤です」[47]といった指摘があり
ます。「辺野古の軟弱地盤データを精査せず　防衛省、把握せずに
設計変更申請」(『東京新聞』2020/08/02) との報道をみても、かれら
の「試算」がなんら科学的な根拠がないものにみえます。政府の建
設計画や工事のおおくが実は「砂上の楼閣」だという疑念は、絶対
きえないでしょう。アセスメントを「アワセメント」と非難する俗
語がうまれたのも当然です (「アワセメント」環境イノベーション情報
機構「環境用語集」)。

諸外国の建造物の崩落事故の報道を「対岸の火事」視している日本人ですが、福島第一原発事故が露呈させた、専門家の「想定」（安全性認識）は、つぎのような事例ひとつとっても、非常にあやういものがあります。こういった思考停止した無責任な人物が原子力行政の中心にまざっていたという事実自体、ハイリスクな現実だといわざるをえません。

> （2011年＝引用者註）3月22日の参議院予算委員会で、2007年（平成19年）2月の浜岡原発運転差し止め訴訟の静岡地方裁判所での証人尋問で、非常用ディーゼル発電機や制御棒など、重要機器が複数同時に機能喪失することまで想定していない理由を、社民党の福島瑞穂に問われ、「そのような事態は想定していない。そのような想定をしたのでは原発はつくれないから、どこかで割り切らなければ原子炉の設計ができなくなる」と答弁した。
> （ウィキペディア「班目春樹#福島第一原子力発電所事故への対応」）

2-7. 第三者委員会など、客観中立を標榜しながら、「書類穴埋め人（box ticker）」たちを結果として、あとおしする専門人と現実的破綻：福島第一原発事故を軸に

　前項で検討した問題は、一度公権力が予算化し執行してしまった事実を後日検証する機関、イジメ自殺問題など学校外なら完全に刑事件でしかない事例の検証プロセスなどのばあいも、無関係ではありません。

　たとえば、校長や教育員会がイジメの事実をみとめるのは、事件化し、本人や遺族などが裁判にうったえるなどの最終手段にでたあ

とが普通です。イジメの事実を早急なききとり調査の実施や第三者委員会などによる検証作業へと応ずる学校など、きいたことがありません。要するに、学校という組織は、学内で刑事事件などは発生しないという楽観的な願望にそって事態を認識しようとする教員・管理職集団であり、たとえば、軍隊内での憲兵や軍法会議などと同様自浄作用を期待できない空間なのです。

そして、みうちに徹底的にあまく、つねに推定無罪原則にそって同僚や部下をかばい、事件化することをさけようとする集団なので、被害者がわによりそう姿勢は、すくなくとも最初は皆無といってよいでしょう。被害者がわが録音・録画データなど裁判で証拠採用されるような水準で「証拠」を確保できないかぎり、かれらは「悪事・悪意はなかった」ことにしてしまうし、弁護士等もサポート不能な密室空間なのですから。

したがって、学校がわが用意した第三者委員会などは学校と利害がからまない真の第三者が過半数をしめるといったことはないわけで、裁判化するのをどうにかくいとめるために「選定」されたとうたがってよいわけです。

学校など、小規模の空間だけではありません。福島第一原発事故（2011年）からほどなく設置された「事故調査委員会」の4報告書のように、巨大プロジェクトの破綻を検証する作業の構造的欠陥も当然あります。ここでは、経済産業調査室・課がまとめた「福島第一原発事故と4つの事故調査委員会」（2012）を軸に「調査委員会」がおこなえる「検証」の限界をみていくことにします[48]。

「4つの事故調査委員会」とは、政府／国会／東京電力／第三者的専門家集団の4者が設置したもので、いずれも、膨大なききとり調査などをへた大部の報告書を公開しています。学校や自治体の教

育委員会がつくったと称する第三者委員会などの構成員とさすがにことなり、立派な人選らしい陣容は、東電の社外有識者で構成する「原子力安全・品質保証会議 事故調査検証委員会」でさえ確認できます。

　しかし、「「国の基準で対策」 東電 責任逃れ記述多く 社内事故調が最終報告」（『東京新聞』2012/06/21）といった報道で「国に皮肉たっぷり 自己弁護はみっちり」と、皮肉られたように、東電の報告書には責任転嫁と自己弁護という色彩が濃厚で、社外有識者による「検証」は機能しなかったようです。国策企業に自浄作用を期待するのは無理でしょう。

　ただ、政府・東電から利害上距離がある「国会事故調」「民間事故調」だけでなく、「政府事故調」も、自己批判的な記述はそれなりにうちだしています。たとえば、「極めて深刻かつ大規模な事故となった背景の1つとして、事前の事故防止策・防災対策に問題があったことをあげている……。その具体例として、津波対策・シビアアクシデント対策が不十分であったこと、大規模な複合災害（地震・津波と原発事故が同時に発生する災害）への備えに不備があったこと、大量の放射性物質が発電所外に放出されることを想定した防災対策がとられていなかったことを例示している。また、東電の事故対処が不十分であった背景に関する考察において、「東京電力を含む電力事業者も国も、我が国の原子力発電所では炉心溶融のような深刻なシビアアクシデントは起こり得ないという安全神話にとらわれていたがゆえに、危機を身近で起こり得る現実のものと捉えられなくなっていたことに根源的な問題がある」と指摘している」というように（経済産業調査室・課2012：5）。

　これに対して、東電事故調が「我々原子力関係者全体が、安全確

保のベースとなる想定事象を大幅に上回る事象を想定できなかった、また、原子力災害に対する我々の備えの想定も甘く、対応においては現場実態を想像できず実戦的な考えが十分でなかった」としている（同上：5-6）のは、最前線にいながら、「我々原子力関係者全体」などと、責任の所在をぼかし、いまだに「ひとごと」なのかなと感じさせるもので、にて非なるものです。

　ただ、信じられない規模の津波がおしよせるという歴史的事実を識者から指摘されながら経産省・東電そろって無視したことは明白です。

　　……想定を大幅に上回る津波に襲われた東京電力福島第1原発について、津波の専門家が2009年、原発の耐震安全性を検討する経済産業省の審議会の席上、東北地方に大津波をもたらした869年の「貞観地震」（マグニチュード8.4と推定）に触れ、同規模以上の津波再来の可能性について指摘していたことが27日、分かった。東電側は「歴史上の地震で、耐震設計上考慮する地震にならない」と述べ、指摘は反映されなかった。

　　指摘したのは、産業技術総合研究所の岡村行信活断層研究センター長（地質学）。岡村さんは、史料に津波被害の記録が残る貞観地震について研究。福島第1、第2原発の敷地付近を含め、内陸部に津波で運ばれた砂が堆積していることや、450〜800年周期で津波が起きたことなどを明らかにしてきた。

　　岡村さんは、09年6月に開かれた経産省の審議会で、福島原発について貞観地震の知見から「津波に関しては（東電の想定する地震と）比べものにならない非常にでかいものがくる」と指摘。「まったく触れられていないのはおかしい」と再検討を求めた。し

かし、東電側は「被害がそれほど見当たらない。歴史上の地震であり、研究では課題として捉えるべきだが、設計上考慮する地震にならない」と答え、消極的な姿勢を示した。

（『時事通信』2011/03/27）

　さらにいえば、これら「事故調」がそろって、みおとしているだろう「事故原因」があります。それは、うえにふれた歴史的検証や、何十年にもわたって反原発系の研究者たちが危険性を指摘してきたのに、黙殺してきた事実。これを、「炉心溶融のような深刻なシビアアクシデントは起こり得ないという安全神話にとらわれていた」で、すませるのは、偽善・欺瞞というほかありません。現にシビアアクシデントがあってなお、危険性を警告する識者を事実上非科学的と無視・排除してきた学界・業界全体の責任が明確化されていないのですから。それこそ大規模津波の危険が指摘された2009年6月段階で真剣に反省をして、早急に対応をはじめていれば、福島第一原発事故はふせげたはずです。

　畑村洋太郎さんらの「失敗学」（畑村2005）にそうなら、老朽化した原子炉の廃炉は当然ですし、再稼働を裁判所がみとめるといった非科学国家が放置されていいはずがありません（原子力工学はもちろん、地震学のどしろうとのはずの判事が最終責任をおうという、おそるべきアンチ・テクノクラシー）。これは、事実上「4つの事故調査委員会」がほとんどクスリになっていない証拠ではないでしょうか？　実は経済性もないし重電メーカーにとってお荷物と化している原発。空疎なエネルギー安全保障論に立脚した原子力政策が破綻していることは、経産省や科技庁の官僚は充分理解しているはず。「書類穴埋め人（box ticker）」として、原子力行政を維持

する官僚組織と、そこに有効な自省材料を提供できなかった「事故調」の委員たちの歴史的機能をふりかえると、めまいがしてきます。

2-8. 愚行権の侵害と放置：「被害者なき犯罪」のとりしまりと、被害の黙殺

「愚行権」とは、自由主義社会における「自由権」の一種であり、「幸福追求権」や「自己決定権」の帰結としてみちびかれる権利概念[49]。乱暴にまとめるなら、他者の権利侵害さえおかさないなら、自己責任原則で、一見愚劣にみえる行動もえらびとる権利がある。周囲はとやくいうべきない（「放っておけ」）との主張を整理したものです。

もちろん、愚行権の行使は、自己決定権をささえる充分な判断能力があるばあいにかぎるなど、限定つきではありますが[50]、パターナリズムなどから、おためごかしで介入してくれるな（「責任とれない第三者は、だまれ」）、という強烈な自己主張です。

この権利の重要な意義は、自死／安楽死の選択権、自殺幇助罪の可罰性、売春・ポルノ・ソフトドラッグ（大麻etc.）など「被害者なき犯罪」の可罰性、ホームレスの居住権など、広範な「自己決定」問題がカバーされるからです。そして、この権利概念の面倒な点は、「他者の権利侵害さえおかさないなら」という条件が、安定的には維持されないからです。具体的な「他者」は、「愚行権」の主張者と、さまざまな距離＝関係性にあり、また個々人の敏感さ（神経質であるか鈍感であるか、保守的か自由主義的か）で、不快・不当に感じる水準が千差万別であることも事実ですし。

たとえば焚き火／野焼きを都市部でおこなうことは条例等で不可

能になってきた現代。枯れ木や落葉はむかしはもやしていましたが、煙・煤などの飛散は迷惑なので、住宅地などでは条例等の有無にかかわらず、実際できないでしょう。しかし、これが、バーベキューやサンマ・ウナギなどを敷地でやく行為となると、どうでしょう。焼き鳥やウナギ屋の排煙は？

とびこみや入水（じゅすい）など自死が明白な人物を「救助」する行為は、当人にとって邪魔だてである一方、人身事故による損害賠償問題など、関係者にとっては阻止以外ありえないでしょうし。

ALS（筋萎縮性側索硬化症）で全身の筋肉が脱力していくなか、気管切開して人工呼吸器を選択してしまったあとは、医師あってでも呼吸器の解除は殺人罪にとわれます。ALSにかぎらず、当人の意志が確認できないかぎり死期をあきらかにはやめるような治療は違法で、致死性の薬物をもちいる積極的安楽死については、きびしい条件を全部みたさないと、違法になるとされています。「尊厳死」のように、死生観や優生思想とのかかわりをもつ理念・運動の是非については、紙幅の関係で除外しますが、「スパゲッティ症候群」と俗称される、ICU等でよくみられるチューブ／コードだらけの光景をみせられた患者家族の心理などもふくめて、延命治療に疑念をいだかせる構図であることは、まちがいないでしょう。

しかし、ここで特にとりあげたいのは、そういった価値判断がむずかしい問題群ではなくて、おもには「被害者なき犯罪」を摘発して、社会的リンチにあわせるような風潮についてです。

まず、売春はなぜ違法であり、罰せられることになっているのでしょう。おおくの市民が誤解しているとおもわれますが、「売春防止法」において罰せられるのは、斡旋（あっせん）、公然たる勧誘や場所の提供などであって、売春行為は刑罰がありません。刑法自体は、売春を

カバーしていません。つまり、芸能人などのスキャンダルとして浮上するケースは、基本的には18歳未満＝未成年の男女との性行為等が、青少年保護育成条例や児童福祉法などの適用で罰せられているだけです。いいかえれば、売春防止法の立法趣旨として、売春のほとんどは経済苦などの産物であり、対象者は社会的弱者として保護にあたいする人物と位置づけられていること、なにより「犯罪」の被害者など、いないという現実があります。青少年保護育成条例等による処罰も、未成年の少年少女ではなく、買春がわの成人が、保護すべき弱者をたぶらかし、性的尊厳をうばったから、けしからんという趣旨からです。

　もちろん、売春がわの未成年者に被害者意識などはないのが普通で、典型的な「被害者なき犯罪」といえます。芸能人に頻発する、このてのスキャンダルも、報道関係者はもちろん、報道をたのしみにしているとしかみえないギャラリーも、未成年の少年少女を人権意識から真剣に心配しているはずもありません。おそらく、特権的な知名度をほこっていた人物がひきずりおろされ、すくなくとも一時的には社会的制裁として汚名をきせられ、芸能活動などを停止においこまれたり、ばあいによっては業界追放のようなうきめにあうといった凋落ぶりをサディスティックに見物しているだけです。

　芸能人以外の市民も、しばしば同様の社会的制裁をうけることがありますが、過去の「援助交際」問題なども、本当に未成年者保護の見地から指弾がされているとはおもえません。実際には、「女子高生と不適切な関係をもちやがるなんて（本当はうらやましい）」という、下劣な感性を背景に「制裁」がくりかえされているようにみえます（ましこ2005：2章）。冷静に観察するなら、ねたましさと、サディスティックな攻撃欲求による「まつり」現象です。

同様のメカニズムは、大麻所持などで攻撃される芸能人にもみて
とれます。ニコチン・アルコールなどより毒性・依存性がひくいと
されるソフトドラッグの典型例である大麻は、飲酒などと同様、自
動車運転などを禁じれば周囲に実害などないのに、覚醒剤所持など
と同様のはげしいバッシングを発生させてきました。典型的な「被
害者なき犯罪」として、現代日本の過敏な反応は異様にみえます。

　さらにいえば、ポルノ問題もそうで、児童ポルノ（実写）などは
論外として、非実在キャラの作品であるとか、アダルトビデオのた
ぐいであるとか、みなゾーニング問題に還元できるはずなのに、な
ぜ警察が躍起になって規制・摘発にいそしむのか、意味不明です。
児童ポルノなど一部例外を除外したとき、一体被害者がどこにいる
のか、実害がどこで発生しているかです。

　一方、ヤジやヘイトスピーチ、風刺画など「表現の自由」がかか
わるとされるケースのばあい、別の意味で厄介です。安倍首相の
屋外での演説にヤジをとばした聴衆を逮捕した北海道警のケース
（2019年）などは論外ですが（戦前の特高か？）、ヘイトスピーチや
一部の風刺画などには、明白な被害者がいます。

　日本の在特会のヘイトデモなら、おおくの標的は在日コリアン。
フランスやデンマークで発生した、イスラムに対する冒涜や、「デ
ンマーク紙、中国国旗にウイルスの風刺画　中国は謝罪要求」（BBC
ニュース2020/01/30）といったケースです。フランスの風刺週刊紙
シャルリー・エブド本社などが襲撃された連続テロ事件（2015年）
に関しては、フランスのマクロン大統領が「フランスには冒涜する
自由がある」と主張して、風刺週刊紙の姿勢を擁護するなど、自分
たちが信じる「風刺」が結局は、非キリスト系に対するレイシズム
＝少数者バッシングだという自覚がありません[51]。

多数派日本人は、少数者から批判をあびただけで「日本人がヘイトの標的になっている」などと、反撃します。しかし、少数者からの批判は、定義上ヘイトスピーチにあたりません。欧州へのイスラム圏への批判に呼応した反応も同質でしょう。また多数派日本人は、今回のコロナ禍で中国人へのヘイトスピーチ・ヘイトクライムのまきぞえをくらっていると、迷惑がっているようですが、「汚染されたアジア人」といった21世紀版黄禍論（こうかろん）＝東アジアへのレイシズムは、急にはじまったわけではありません。日韓のサッカー選手が欧州でサルあつかいをうけたり、イヌをたべる民族とバッシングされたり（中村俊輔選手が韓国人と混同されたケース）、露骨でわかりやすいものから、アメリカやフランスで、福島第一原発事故を揶揄（やゆ）する風刺画が発表されて問題化したりする[52]など、欧米社会の「前科」は多数あるのです。

　そして、多数派日本人の相当部分は、欧米のレイシズム系ウイルスに罹患（りかん）して、中韓を侮蔑するなど、黄禍論に加担するありさまですから、厄介です。そしてその際、「表現の自由」という美名をかたり、少数者を侮辱する権利があるのだ、「批判は自由を封じるものだ」「ユーモアを介さない野暮（やぼ）な連中だ」といった論法が、愚行権周辺にはたちこめるようになってしまったのです。「冒涜する自由がある」とするフランス大統領や、「土人」よばわりには差別意識は介在しないと擁護した日本の政治家たちは、自分たちの愚劣な思考、品性をうたがう表現方法など、野蛮な文化に汚染されており、ことあるごとに「発作」をくりかえすことでしょう。「愚行権」が強者に悪用された際には、既存の法制度などが、「推定無罪」原則や「自由権」などを根拠に暴走させるというリスクをつねに意識しないといけません。そもそも「愚行権」をふくめた「自由権」は、

他者の権利を侵害しないという原則のもとにあるのですから、被害を軽視するような姿勢は、論外なのです。

2-9. 記者クラブと商業主義がもたらす「ハイパー独裁」と「ポスト・トゥルース」

『田中宇の国際ニュース解説』[53]は、「本当か？」と、ぎょっとさせられるタイトルの解説記事満載のユニークなサイトです。ウィキペディア「田中宇」の解説をみるだけでも、特異な主張のもちぬしだと、すぐわかるはずです。もっとも、あまり喧伝すると、田中さんの立論のよってたつニュースソースを確認せずに、結論だけ信じる陰謀論者が急増しそうなので、ひかえることにします。

ただ、田中さんの年来の主張である「ハイパー独裁」というメディア論は、いまだに真剣に検討にあたいするモデルだとおもいます。ウィキペディア「田中宇#民主主義体制はハイパー独裁体制」という項目をはりつけましょう。

> 中国人の多くは自国のマスコミがプロパガンダだと思いつつも影響されているが、欧米人や日本人の多くは、自国のマスコミが真実を報じていると勘違いしており、事態は欧米日の方が深刻だ[17]。国民にうまいことプロパガンダを信じさせた上で行われている民主主義体制は、独裁体制より効率の良い「ハイパー独裁体制」である[17]。独裁国の国民はいやいやながら政府に従っているが、ハイパー独裁国の国民は自発的に政府に協力する[17]。その結果「世界民主化」の結果である米国のイラク占領に象徴されるように、独裁より悪い結果を生む[17]。

［17］「北京五輪チベット騒動の深層」（『田中宇の国際ニュース解説』2008/04/17）

　もちろん、読者のみなさんは、マスコミの視聴率競争など商業主義的性格をよく認識しており、「自国のマスコミが真実を報じていると勘違い」などしていないでしょう。そして、アメリカのトランプ支持派やネット右翼らがとなえる「マスゴミ」論などの次元ではなく、マスメディアの偏向ぶりに敏感だとおもいます。

　ただ、トランプ大統領誕生のときをおもいだしてみればわかるとおり、アメリカのCNNなどの大メディアが、かくれトランプ支持層の存在をすっかりみおとしており、たとえ得票率でクリントン候補が過半数をしめていたにしろ、実際にはトランプ支持層が想像以上にぶあつかったことも、事実です。白人男性を中心に、「このご時世、とてもトランプ支持派だとは、カミングアウトできない」といった、サイレントマジョリティーがアメリカには大量に実在するわけです。新型コロナウイルスの危険性を早期に認識しながらも、国民をパニックにおとしいれたくなかったなどと告白するように[54]、リーダーとして不誠実な人物であることが暴露されるなど、トランプ支持を表明すること自体、知性・品性に疑念をもたれるのは、しかたがない現実があると。しかし、ともかくトランプの放言は快感だ、というホンネはおさえがたいのでしょう。実際大メディアは、サイレントマジョリティーの潜在をみすごして、選挙結果として痛烈なしっぺがえしをくらったといえるわけです。

　いいかえれば、すくなくともアメリカについては、民主党的価値観にかたいれしがちな大メディアと、その偽善性にあきあきしている白人男性などがひっそりこのむメディアに二極化している。マス

ク無用が自由で男性的だと感じる共和党支持層と、公衆衛生上のリスク管理や医療現場が必死にたえている負担にかんがみれば公共のばではマスク着用はさけられないし、反差別デモなどへの参加であってもマスク着用は必要で、デモなどに参加しないのなら自宅にこもろうという民主党支持層に分断ができてしまっている。新型コロナ対策や人権侵害への対応などで、国論・メディアが二分し、合意がとれそうにないのです。

　一方、日本のメディアに対する評価はどうでしょう。

　地上波の報道番組はテレビ局間のおおきなちがいはなく、NHKが基本的におちついた姿勢で、21時台と深夜にふみこんだ報道解説がある程度でしょうか。しかし、スカパー！で放送されていた「日本文化チャンネル桜」やDHCテレビジョンがストリーミング生配信している「真相深入り！虎ノ門ニュース」などは、極右系の配信だけといってもいいでしょう。

　全国紙では産経新聞が右派系、読売新聞が保守系とされてきた一方、朝日／毎日の紙面や、ブロック紙である中日新聞の首都圏版「東京新聞」が反政府系のリベラル紙とみなされてきました。しかし、「偏向報道」などとして標的となるのは、なんといっても朝日。そして全国紙・地方紙に記事を配信している共同通信が「偏向」していると標的化しています。重要な点は、「偏向」と喧伝しているのは、結局右派系の市民や言論人であり、標的とされるのは、政府に批判的（たとえば新型コロナ対策とかアベノミクスなどへの批判的）論調をしばしばのせるリベラル紙だけだという点です。左派系の言論人は、他紙（右派系・保守系媒体）を批判するときでも、「偏向」よばわりなどはせず、「事実をねじまげている」「大切な議論から視線をはずしている」「悪質なフェイクニュースだ」といった論

調で批判するだけです。右派系の角度から事実をとらえるから、評価が偏向するという論理ではなく、そもそも存在しない事実（たとえば、中国共産党は沖縄の占領を具体的に検討している、といった、憶測というより被害妄想＝これは在沖米軍との直接対決を意味するので、現時点では地政学的に不可能）をでっちあげた憶測・あおり記事だというスタンスです。

　ちなみに、「マスゴミ」という非難をくりかえすのも、右派系だけであり、その対象範囲からは、新聞だと産経・読売などは除外されているし（『しんぶん赤旗』は黙殺される）、「日本文化チャンネル桜」「真相深入り！虎ノ門ニュース」など極右系配信を「マスゴミ」よばわりしたことはないとおもいます。マスメディアが全部ゴミだというなら、これら配信も当然ゴミあつかいのはずですが。

　また、在沖米軍の不祥事や事故、安保体制で日米両政権に批判的記事を掲載することが頻繁にある『沖縄タイムス』と『琉球新報』の2紙は、「マスゴミ」どころか、「洗脳装置」と誹謗中傷をうけたり、逆に「地元民の民意＝普通の感覚から遊離した左派系紙面」「中国のまわしもの＝極左ジャーナリストたちによる反米メディア」といったバッシングをうけてきました。前述した、機動隊員らによる「土人」発言等の「ソース」も、おそらくこれら2県紙へのバッシングが、まとめサイトなどで「テンプレ」化し拡散した結果とおもわれます。

　これら全体状況を俯瞰するかぎり、右派系は左派系との対峙はせず、もっぱらリベラル紙や地方紙を攻撃する。標的にする根拠は、安保体制など政府が自明と信じてうたがわないシステムに批判的な視線をもつこと自体、非国民的＝反日的＝媚中的な姿勢でゆるしがたい。こういった論理のようです。

冷静にかんがえれば、台湾や沖縄を占領し、つぎは日本列島へといった膨張主義を中国共産党が具体的に検討するなどありえず、尖閣諸島へのアプローチも、米軍や海上保安庁の反応をみたいだけだと、わかるはず。しかし右派は、こういった被害妄想的な危機感をあおり、その結果、沖縄県民に不安が伝染するような事態まで発生するようになりました。

地元大学生にも広がる「中国脅威論」

　栄町市場の飲み屋街で知り合った地元の大学生（20歳）は、私にこう伝えた。

　「『いずれ中国が本格的に沖縄に攻め込んでくる』という話は、僕の周囲では当たり前のように語られていますよ。基地反対運動の背後に中国人がいるという話も、少なくとも僕の友人のほとんどは信じているんじゃないかなあ」

　まずいなあ、このままでは沖縄がデマで汚染されちゃうよ──沖縄で荒れ狂う中国脅威論に危機感を持ったのは、地元では「モバイルプリンス」の愛称で知られる島袋昂さん（31歳）だった。地域のFM局や学校などでネットリテラシーの啓発活動を続けている。

　もともと政治には関心が薄いという島袋さんが、流布される中国脅威論を「ヤバイ」と思ったのは数年前だった。

　「知事だった翁長さんの娘さんが中国高官の子どもと結婚した──といったうわさが広まりました。僕の周りでは、真顔で『だから翁長知事は親中なんだ』と話す人も少なくありませんでした。ところが、翁長さんが即座にそれを否定。娘さんはそもそも中国に行ったこともないのだと断言しました。ですが、若者の多くは

新聞も読まなければテレビのニュースも見ない。ネットのまとめサイトだけで世間を判断してしまうことが少なくありません」

このうわさは収束することなく、いまでも県内の一部で強く信じられているばかりか、いまだに「中国による沖縄侵略の理由」として取りざたされてもいる。

冷たい視線は、沖縄を訪れる中国人観光客にも向けられるようになった。

島袋さんの記憶に強く残ってるのは、1年前の出来事だ。

県内で「教育委員会からの情報」だとするネットの書き込みが広まった。路上で中国人が麻酔薬を染み込ませた海産物を押し売りし、それを食べて意識を失った人が続出、そのなかには臓器を抜き取られた人もいる——といった内容である。

事実であれば間違いなく警察も動いただろうし、報道されないほうがおかしい。しかし、報道されないのは地元新聞社が「中国に配慮したからだ」といった情報も、ほぼ同時期に出回った。

「あまりにもバカバカしいと当初は放置していたのですが、ぼくの周りでも信じる人が現れた。中国人に対する嫌悪や憎悪を口にする人もいた。こうしたウラのとれないフェイク・ニュースがネットに広がっていくことで、沖縄で中国人への偏見が広まっていく現実に恐怖を感じたんです。結局、この話も中国人観光客の武装蜂起といった話に発展していきます」……
(安田浩一「沖縄で猛威をふるう「中国人が攻めてくる」＝中国脅威論を検証する―「臓器を抜かれた」「観光客が蜂起」…」講談社『現代』2018/10/30)

トランプ支持層と同様、マスメディアを軽侮し「マスゴミ」よば

わりする層は、総じてエコーチェンバー現象のとりこ。情報強者の
つもりで収集した情報のほとんどは「フェイクニュース」など、ま
さに「ゴミ」だらけのはず。複数のメディアが配信する、誤報もふ
くめたニュースソースを多面的かつ冷静に比較検討することで、お
おむね妥当な事実認識にたどりつく＝メディア・リテラシーの涵養
しか、ローリスクな情報行動は獲得できません。

　一方で、冒頭でとりあげた田中宇さんの「ハイパー独裁」論は、
右派の「マスゴミ」論とは別次元で、マスメディアが記者クラブ的
よこならび体質にまどろみ、官邸の印象操作に加担するような無責
任さも、きびしく指弾するものです。独裁国家ではなく、各社・各
記者が自己責任で自由な取材をくりかえす以上、報道全体としての
リスクは中長期的に相殺されるはず、というおもいこみは幻想だ。
というのが田中さんの立論。

　たとえば、アベノミクス万歳論に終始した右派層は、日本企業の
株価が、日銀ほかの操作で維持されてきただけで、企業業績や成長
への期待とは乖離した不自然な相場だという、少数意見を黙殺しつ
づけました。新型コロナ禍があったから頓挫したものの、アベノミ
クスのねらいはわるくなかったといった擁護論は、実態と乖離した
相場であろうが、株主総会等でステークホルダーにいいかおを維持
できる幹部たちの利害には適合的でした。しかし、非正規雇用層
の増大など実質的な可処分所得は漸減し、市場が縮小しつづけた
2010年代の本質をカムフラージュできません[55]。あくまで平均値で
の比較にしかなりませんが、ひとりあたりのGDPで台湾にはおい
こされ、韓国にも早晩ぬかれると試算されている日本経済において、
安倍政権のおかげで民主党政権＝暗黒時代がおわった、といった歴
史的総括は、印象操作ですっかり洗脳されて上機嫌になった右派層

の情報弱者ぶりを端的に象徴しているといえそうです。

そして、中国等独裁国家との比較をして、日米両国民の鈍感ぶりを批判した田中さんの見識は、たとえば、国境なき記者団による「世界報道自由度ランキング」で、韓国・台湾（1980年代まで軍事独裁体制のもとにあった）よりずっと下位にある日本の現状として再確認できます。日本は、5段階評価で中間層にあたる「顕著な問題」をかかえる一群に分類されるのであって、欧米ほか、比較的「良好な状況」「満足な状況」からひきはなされた現実のただなかに、日本人はいきているのです[56]。

ともあれ、歴史修正主義（Historical revisionism）という歴史捏造運動や悪質なキュレーションサイトなど、事実に反する情報や、よみてをミスリードすることに対する無責任が横行する時代。ヘイトスピーチの発信や連呼・コピペ・リツイートなど、信頼性とは正反対の劣化した情報やニセ情報がはびこる風潮は、SNSやニュースサイト（まとめサイトをふくむ）を介して悪化の一途をたどっています。しかも、すでにあげたように、日本やアメリカなどのばあい、政府が率先して情報をネジまげる挙にでており、戦時中の情報統制とにた状況をうんでいます。

特にさきのトランプ政権下では、偽ニュースサイトの乱立など、"post-truth"、あるいは "post-factual" といわれる、「事実がもはや重要ではなく、「どうでもよくなった」状況」（森田浩之）[57]が世論や支持率を決しかねない状況にあり、日本のネット右翼なども、同様のふんいきで影響力を維持してきたとおもいます。これは、新型コロナウイルスの感染拡大についてのリスク判断などもふくめて、科学者やサイエンスライターの事実解説を拒否したい大衆に迎合することで政治的支持をあつめようとするポピュリズムなどに代表され

るように、きわめて危険な風潮です。

　実際20世紀末から、帝国日本の負の部分を全否定したい右派むけの「自由主義史観」なるものが影響力を拡大してきましたし、同時期に、性教育をおさえこみ無知な市民を大量に放置することをよしとする勢力が教育現場を支配するようになりました。これらもすべて、科学的に事実を直視していく姿勢を拒否し、反動的な勢力にとってつごうのよい世界像を宣教しようという策動として理解できます。

　つまり、21世紀になってはじめて"post-truth""post-factual"的風潮が日本や欧米にひろまったのではなく、事実をねじまげたい政治勢力は遍在してきたし、その直接の起源は、ナチズムなど疑似科学にそった総動員体制だったと理解する方が妥当です。選挙戦だけでなく、商戦もふくめて、すべてプロパガンダであり、大衆を広範にだまして多数派を形成すること、人員や資金をあつめて対抗勢力に勝利することが善であり、かつためには手段をえらばない。……こういった風潮に、どの程度の自覚的悪意があり、どの程度が自己欺瞞をふくめた信仰によるかはともかく、事実として、詐欺行為を正当化する政治経済のマフィア化が21世紀現在も進行中だということです。

18 ウィキペディア「西山事件」、西山（2007, 2010, 2019）、澤地（2006）など。

19 常に自らを傍観者の立場に置き、自分の論理の欠点は巧みにごまかしつ
つ、論争相手の弱点を徹底的に攻撃することで、明らかに間違った主張
や学説をあたかも正しいものであるかのようにして、その主張を通す論
争の技法であり、それを支える思考方法。（ウィキペディア「東大話法」）
　安冨（2012a, b）参照。

20 「朝ご飯は食べたか」という質問を受けた際、「ご飯」を故意に狭い意味
にとらえ、（パンを食べたにもかかわらず）「ご飯（白米）は食べていない」
と答えるように、質問側の意図をあえて曲解し、論点をずらし回答をは
ぐらかす手法。
　　　　　　　　　　　　　　　　　（ウィキペディア「ご飯論法」）

21 当然のことですが、かれらがキャリア官僚としてのスタートにたつため
に、希望する省庁をまわって面接をうけた当時、国会で展開したような、
ひとをくった論法などくちにしたはずがありません。面接官はもちろん、
大学のゼミなどでさえ、絶対展開しないような破綻にみちた、はずべき
論法をくりかえし、野党議員からの指弾にひたすらたえて、時間だけ空
費させる。まるで、先制点をいれて安心したサッカーの強豪チームがボー
ルを自陣でもてあそび、時間かせぎに終始するかのようです。

22 ウィキペディア「1984年（小説）# 政府」にある「真理省」および「愛情省」
の記述参照。

23 国政への復帰を前提に、オリンピックをてみやげに、都知事をへて総理
大臣をめざすといった野心がささやかれた小池氏に、なぜ都民がこれほ
ど支持をつづけるのか、正直理解にくるしみます。

24 GoToトラベルという、理解不能な政府のキャンペーンが展開された一方、
ハイリスクだとして東京発の旅行だけが除外されました。小池都知事は、
これにはあえてふれず、都民に夜間の外出などを自粛するよう再三アピー
ルしました。しかし、東京が除外されなかったら、都知事は、はたして
どういった反応をしめしたでしょうか？　夜間外出だけでなく、都外へ
の旅行もさけてほしいと、いえたかどうか？

25 領土問題で妥協する気がないプーチン政権という性格だけでなく、そも
そも米軍基地が配備されることに抵抗できない日本政府をロシア政府が
信用するはずがありません。中ロは太平洋にでてくるなというのが、ア
メリカ政府の基本方針で、それにさからえない日本政府と、ロシア政府
は交渉する気など全然ありません。安倍首相らはそれを充分認識してい
たはずです。
　また、朝鮮労働党も、日本政府と拉致被害者問題で正面から対峙し交
渉をまえむきにすすめる意志など、はなからありません。米韓合同軍と
対峙したくない中ロ両国にとっての「緩衝地帯」であるという地政学的
位置だけがたよりの朝鮮。アメリカも中ロ両国の「緩衝地帯」である事

情は充分ふまえて、交渉は核兵器開発の抑止だけに話題をしぼってきた
わけです。「アメリカ本土にとどくような ICBM だけは開発するな」と
いったおどしをかけつつ、核兵器しかカードがないとおもいこんでいる
朝鮮とおつきあいしているアメリカ。この絶妙な国際関係のバランスの
なかで、朝鮮にとっては、中口だけがうしろだてで、交渉あいてはアメリ
カ一国という事情があります。日韓両国とまじめに交渉する意志などな
いのです。まして、拉致被害者問題については、従軍慰安婦ほか帝国日
本の動員体制という組織犯罪の経緯もあり、「なんで帝国主義時代をまと
もに反省できない日本ごときと、妥協の余地があるのか?」というのが、
ホンネでしょう。朝鮮の拉致被害者問題の認識を安倍首相らは充分わかっ
ていたはずですが、これについても、「平均的」日本国民には理解不能な
歴史的経緯なので、ふせたままです。

　　憲法改正については、純粋に内政問題のはずですが、自民党がのぞむ
ような9条改憲を希望する国民は少数派。なにより、連立与党の公明党
の支持母体創価学会の会員の大半は9条改憲反対派です。

26　大山くまお「安倍首相7年8カ月の"迷言集"をまとめたら、「やってる感」
　　と「ごまかし」のオンパレードだった」(『文春オンライン』2020/09/07)
　　といった総括もあります。

27　たとえば、藤田孝典「生活保護申請で「すみません」と頭を下げ続ける24歳」
　　(毎日新聞、2016/07/13)。

28　悪質なケースとしては、先年の小田原市職員たちの暴走など(今野晴貴「生
　　保行政に蔓延する違法行為　小田原の事件は氷山の一角に過ぎない」)。

　　　　神奈川県小田原市の生活保護担当職員が、「保護なめんな」「不正受
　　給はクズだ」などの文言が入ったジャンパーを勤務中に着用し、着用
　　したまま受給者宅を訪問するケースもあったということが、17日、市
　　の発表で明らかになった。今回、市はジャンパーの使用を禁止し、担
　　当部長ら7人を厳重注意処分としたようだが、ジャンパーは2007年
　　以降使用されており、10年間にわたって問題は放置されていたという
　　ことだ。

　　　実は、これまでも生活保護行政による違法行為・人権侵害はずっと
　　繰り返されてきた。私たちは生活困窮者からの生活相談活動に従事し
　　てきたが、その現場は凄惨なものだ。

　　　とりわけ2012年に芸能人の母親の「不正受給」報道に端を発する「生
　　活保護バッシング」以降は、厚生労働省や都道府県の指導も無視して
　　「暴走」する自治体まで現れている。

　　　問題がなかなか明るみにならないのは、違法行為・生活保護受給者
　　は、被害を告発すれば保護を打ち切られるかもしれないという、圧倒
　　的に弱い立場に置かれているために、何も言うことができないからだ。

　　　行政の違法行為・人権侵害は、(1)水際作戦、(2)命を脅かすパワー

ハラスメント、(3) 貧困ビジネスとの連携、の三点に要約できる。【以下、略】

（『YAHOO! JAPAN ニュース』2017/01/19, https://news.yahoo.co.jp/byline/konno haruki/20170119-00066755/）

　　もちろん生活保護制度を該当者になるべく利用しやすいよう努力する自治体関係者も実在します。そういった生活保護制度の全体像と問題点については、みわ（2013）。

29　http://www.moj.go.jp/hisho/kouhou/20200120QandA.html

30　https://www.nippon.com/ja/features/c05401/

31　ウィキペディア「福島第一原子力発電所反対運動 # 反対運動の誕生」、同「六ヶ所村核燃料再処理事業反対運動」。「日本の反原発運動略年表」（『はんげんぱつ新聞』2019-11-07, https://cnic.jp/hangenpatsu/911）など。

32　これら歴史的経緯（ウィキペディアのようなウェブ百科で明記されている水準）さえ確認しないネット右翼などは、《米軍基地の周辺にわざわざひっこしては、爆音がひどいなどと反米感情をつのらせ、日本の安保体制に邪魔だてする……》といった論調で反基地感情を非難してきました。かれら「エコーチェンバー現象」のただなかにまどろみ、みずからの無知を自覚できないので、SNS やネットニュースのコメント欄は、あれ放題になります。

33　ウィキペディア「普天間基地移設問題 # 日米会談での普天間返還提案とSACO 中間報告」

34　たとえば、牧港住宅地区（那覇市）の返還が合意された 1973 年をへて、一部返還が開始した 1975 年から全面返還（1987 年）まで 12 年を要し、「那覇新都心」とよばれる再開発が本格化したのは 2000 年ごろからでした。普天間飛行場も全面返還と再開発が軌道にのるまでには、10 年といったスパンではなく、数十年を要するはずです。

35　ちなみに、ウィキペディア「普天間基地移設問題 # 反基地運動の問題点」には、辺野古新基地建設賛成派である工作員（おおくはネット右翼か？）とおぼしき編集が相当程度をしめており、反対運動を不当におとしめ、日本政府の姿勢があたかも全部正当であるかのような印象操作がおこなわれています。この、非常にかたよった記述自体が、安保体制の暗部を象徴しているとさえいえそうです。

36　「「辺野古」完成まで 13 年　普天間返還も 2030 年代半ば以降に　軟弱地盤で政府見通し」（『沖縄タイムス』2019 年 12 月 23 日, https://www.okinawatimes.co.jp/articles/-/513978）

37　これら政治的判断については、軍事的な地政学的決定ではなく、単に、沖縄以外の都道府県が代替地を提供しないだろうという全国的な NIMBY 意識の結果といえます（人口比でいえば 1：99）。

　　高橋哲哉さんらが、安保体制が大事なら、「本土」の自治体が米軍基地

（特に海兵隊基地）をひきうける責任があると主張するのは、日本人の大半が沖縄への基地集中をみてみぬふりをする偽善者だからという見地からです（高橋 2015, 2019, 目取真 2020）。

38 この露骨な差別発言（ヘイトスピーチ）については、鶴保庸介沖縄・北方担当大臣が「差別と断定できない」と擁護するなど、閣僚や大阪府知事ら、政府・政府よりの政治家が複数でたため、さらに紛糾しました。

ハフポスト日本版編集部「沖縄で「土人」発言の大阪府警機動隊員に「出張ご苦労様」松井一郎大阪府知事　翁長雄志知事は「未開の地域住民を侮蔑する」と批判していた。」（2016/10/19）

「松井大阪知事「相手もむちゃくちゃ言っている」「土人」発言の機動隊員を擁護」（『沖縄タイムス』2016/10/20）

「鶴保大臣「土人発言、差別と断定できない」　野党は批判」（『朝日新聞』2016/11/8）

「「土人発言、差別と断定できず」は訂正不要　政府答弁書」（『朝日新聞』2016/11/21）

39 右翼の一部は「沖縄県警だけでは沖縄県の秩序を守れない」などと動員を擁護していますが、沖縄県警の警官なら、辺野古や高江の反対派住民の心情も理解できてしまうため、無慈悲に弾圧などできないからです。惠隆之介「大阪府警機動隊員の「土人」発言に沖縄県在住者として言いたいこと」（『日刊 SPA ＋』2016/10/24, https://nikkan-spa.jp/plus/1223431）

40 目取真 俊（めどるま・しゅん、1960−）。小説家。政治活動家。1997 年『水滴』で芥川賞受賞。

41　NHK の大河ドラマ『いだてん〜東京オリムピック噺〜』などは、テーマ自体は 1964 年の東京大会であったものの、2020 年大会開催を国民をあげて祝すべきだ、というキャンペーンだったといって過言でないでしょう。

　　さらにいえば、2020 年度前期放送の NHK「連続テレビ小説」『エール』の主人公のモデルは古関裕而（1909−1989）であり、「作品名の「エール」は「応援」の意で、東日本大震災から 10 年の節目を目前に「福島を応援したい」との思いを込めて企画され、福島出身の主人公を模索する中で福島の偉人であり多くの応援歌を作った作曲家の古関裕而に着目した」（ウィキペディア「エール（テレビドラマ）＃企画」）とされていますが、古関が東京五輪の選手団入場行進曲「オリンピック・マーチ」を作曲していたことも、みのがせないとおもいます。ウィキペディア「エール（テレビドラマ）」でのあらすじが、「戦争が勃発したため、裕一は軍の要請で戦時歌謡を作曲しなければならなくなる。自分が書いた歌を歌った後、若者が戦死したことを知って裕一は苦しむ。」「戦後、国は混乱の中から復興し始める。夫婦は音楽の力で傷ついた人を励ますため、音楽の新時代を作る。」とまとめられているのは、まさに、1964 年大会を経験した日

本人の最頻値的な昭和像（＝敗戦と復興を象徴する都市空間東京）だからです。

42 「福島風刺の仏紙、「ユーモア感覚ない」と日本の批判を一蹴」（『AFP』2013/09/13）

43 https://www.2020games.metro.tokyo.lg.jp/taikaijyunbi/torikumi/keizaihakyuukouka/index.html

44 https://www.nikkei.com/article/DGXLZO13742810X00C17A3EA1000/

45 ちなみに招致決定直後の『日本経済新聞』（2013/10/07）には、つぎのようなはずかしい解説が発表されていました。

> ……20年の東京五輪の期間中、来場者数は延べ約1000万人と予想されており、東京都は13〜20の国内経済への直接の経済波及効果を約3兆円と試算しています。最も大きな金額を占めるのは観光や広告などサービス業で6510億円、これに建設業（4745億円）と商業（2779億円）が続きます。企業の設備投資も増えるとみられ、金融・保険業の経済波及効果は1178億円を見込んでいます。五輪開催に伴う観光産業の成長やインフラ整備までを含めると、経済効果は150兆円規模に達するという民間予測もあります。
> （「2020年夏季五輪、東京開催が決定〜近代五輪の基礎と経済効果を知る」『全図解ニュース解説』2013/10/07　https://www.nikkei4946.com/zenzukai/detail.aspx?zenzukai=121）

東京都の試算は、すでにみたようにさらに肥大化をとげつつも、2020年、現実に粉砕されます。

46 https://gendai.ismedia.jp/articles/-/52141

47 渡辺 豪「「想定外」だった辺野古軟弱地盤」（『OKIRON』2018/04/04, https://okiron.net/archives/562）

48 ほかに、渡邉憲夫ほか（2013）や、そこに引用された原子力安全・保安院による報告書があります（つまり、調査報告書は5点）が、双方とも狭義の事故原因の究明目的で、諸組織の関係などは捨象されているので、検討からはずします。

49 **愚行権**（ぐこうけん、英語 : the right to do what is wrong/the right of(to) stupidity）とは、たとえ他の人から「愚かでつむじ曲りの過ちだ」と評価・判断される行為であっても、個人の領域に関する限り誰にも邪魔されない自由のことである。〔……〕

ジョン・スチュアート・ミルの『自由論』（1859年）の中で展開された、功利主義と個人の自由に関する論考のなかで提示された概念であり、自由を構成する原則としての「他者危害排除の原則（英語 : to prevent harm to others）」、すなわち他の人から見て賢明であるとか正しいからと言って、何かを強制することは正当ではありえない、の原則から導出される一つの帰結としての自由として提示されたものである。

生命や身体など自分の所有に帰するものは、他者への危害を引き起こさない限りで、たとえその決定の内容が理性的に見て愚行と見なされようとも、対応能力をもつ成人の自己決定に委ねられるべきである、とする主張である。〔……〕

　一方でこの自由の主体たる人物は諸々の能力の成熟している成人であるべきであり、また社会的統制の実行を明確に回避しているわけではないこと、愚行の結果として受ける批判や軽蔑、拒否などは当人が引き受けなければならないことを主張する。ミルの自由論は自立と自律に対して倫理的にかなり厳しい主張をしており、結果主義や自己責任論を包含している。ミルの主張によれば、愚行を倫理的に非難することと法的に刑罰の対象とすることは別のことであり、刑罰は最低線の倫理からもたらされるとする。　　　　　　　　　　　　　（ウィキペディア「愚行権」）

50　たとえば、悪臭被害であるとか、放火される危険性などをかんがえれば、「ゴミ屋敷住民」という選択肢を愚行権で正当化はできないなどです。

51　小林恭子「フランスでも、「行き過ぎた風刺」は論点に　表現の自由は、無制限の自由ではない」（『東洋経済オンライン』2015/01/24）といった議論はあがっているようですが、あいてが聖なるものと信じる対象を標的化し冒涜・侮辱する権利があると、信じているようです。本来の風刺画やパロディが政治権力者や文豪など、あきらかな上位者へのあてこすりや、オマージュとして発展してきた伝統から逸脱し、優位者がイジメの手段として悪用することも「表現の自由」と勘ちがいしながら。フランス人の大半は、たとえばマリア像が侮辱的に風刺されても、苦笑しながら「自由だから、しかたがない」と、ながせるのでしょうか？

52　「毒リンゴ漫画、掲載の米紙がおわび　「日本人傷つけた」」（『朝日新聞』2011/04/26）
　「福島風刺の仏紙、「ユーモア感覚ない」と日本の批判を一蹴」（『AFP』2013/09/13 ＝既出）

　もっとも、「福島での事故と汚染水の問題は制御できており、五輪には影響しないと繰り返し強調してきた」日本政府自体は風刺されてもしかたがないのですが、「ユーモアを表現しているからといって、被災者の皆さんを侮辱していることにはならない。ここ（フランス）では、悲劇に対してはユーモアを持って立ち向かうものだが、どうやら日本ではそうではないようだ」とかたった人物は、欧州の知識人の一部は、傲慢さとレイシズムを自覚できないし、ユーモアなどと偽善・欺瞞をつづける宿命があるらしいと、かなしい気分にさせられます。相撲ファンだったミッテランもと大統領のような知日派は、残念ながら例外的少数なのでしょう。

53　http://www.tanakanews.com/

54　「トランプ氏、コロナの真の脅威を知りつつ「隠ぺい」　ウッドワード氏

新著」(『CNN』2020/09/10)

55 2 年で 2%のインフレという公約は無残に放棄され、2 度の消費税ひきあげで確実に景気後退をまねいた政府は、後世、その具体的使途の妥当性もふくめて、歴史的審判をうけることになるでしょう。

56 そもそも、すでに先進国でなどない現状は、「男女平等指数、日本は過去最低の 121 位　政治参画遅れ」(日経 2019/12/17) などとせなかあわせととらえるべきでしょう。新型コロナでの死者数のすくなさを、自慢して「民度がちがう」などと勘ちがい発言をしでかした麻生副首相のあやまち＝厚顔無恥ぶりは、日本国民のうぬぼれた自画像の象徴かもしれないと、自省すべき時期にあるわけです。

57 森田浩之「流行語大賞に何が選ばれようと、今年の世相を表す言葉は断固コレだ！」(講談社『現代』2016/12/10, https://gendai.ismedia.jp/articles/-/50328?page=2)

3章
ムダ・有害性が肥大化しつづけ、エッセンシャルワークがけずられつづける公教育

3-1. イジメ事件・体罰／指導死事件などの、もみけし

　グレーバーのいう「脅し屋（goons）」が不安のあおりによる脅迫性・欺瞞性を武器にした「ブルシット・ジョブ」であり、おなじく「尻ぬぐい（duct tapers）」が組織の構造的欠陥をごまかす「ブルシット・ジョブ」であるのに対して、教員や管理職がになう「脅し屋（goons）」は、比喩ではない犯罪行為です。なぜならそれは、生徒・保護者をおどして不祥事をもみけす業務であり、おなじく「尻ぬぐい（duct tapers）」は刑事事件化することを抑止する業務だからです。もちろん、これらに専念する常勤職員などいない点で、グレーバーの類型からはみでますし、そもそも機能の本質がより犯罪的である点、民間企業ではなく、公立校を軸とした非営利組織で恒常的に発生する業務という点で、本質的に異質といえそうです。

　そもそも公教育空間は、市民の親密圏に準じて「密室性（プライバシーetc.）」がたかく、周囲にとって透明化を要求しづらい空間であるがゆえに、「社会学的密室」（ましこ2007）が頻出する構造をかかえる宿命にあります。周囲はDV／虐待などと同様、介入しづらいし、被害者は外部にたすけをもとめる意欲をうしなったり、視野を限定されてにげだせない状況がなくせないからです。そのため、加害生徒や加害教員らが、推定無罪原則を悪用して、被害が立証できない不透明空間が恒常化するといえます。後述する民間企業におけるパワハラ等とはことなり、教育機関であるという社会から意識的に遮断されたアジールであるというたてまえのもと、そして、保護者のかわりに教員等が指導者になっているという「聖職」イメージもあいまって、たとえば、イジメをすぐさま恐喝事件や傷害事件として警察につきだすといったことを自制する体質があります。そ

して、それがまさに、不祥事をそとにださないという自己防衛反応がはたらくときに、最悪の隠蔽装置として悪用されてしまいます。

　現実問題、被害者となった生徒や保護者たちは、自衛策として、かくしどりなど、録音・録画で対抗しないと、弁護士にさえたすけてもらえないような、孤立した状況においこまれます。なにしろ担任や管理職、教育委員会などは、「判断にまちがいはなかった」「問題はなかった」に終始しますし、「物証がない」「目撃証言がえられない」の一本やりでにげにまわりますから。生徒を自死においこむような指導の暴走（「指導死」）も、学校という社会学的密室、教育委員会という官僚組織＝二重・三重の防御壁に隠蔽されますし[58]、日本の官僚組織は「謝罪拒否系ウイルス」（ましこ2020：30）が蔓延した空間です。

3-2. むくわれないケアワークと社会で役だたない知識や計算をあてがう教師の二面性：シット・ジョブとブルシット・ジョブ

　のちに詳述するようにグレーバーは、右翼ポピュリズムが標的化してきた「リベラル・エリート」がやっかまれる宿命を、高潔とされる作業を経済的貧窮リスクを気にせずできる特権性にみています。乱暴にまとめるなら、高潔とされる作業は経済的にめぐまれないようにできていて、生業としてえらべば「シット・ジョブ」としてのあつかいを甘受しなければならないと（「リベラル・エリート」）。いや、「シット・ジョブ」としての劣悪な労働条件を甘受しながらも、理不尽な敵意にさらされるのが、アメリカ社会なら、初中学校教員だといえます。

……いうまでもなく学校教員は、低賃金や苦痛に満ちた環境であることを十分に理解したうえで、その社会的意義を認め、高い使命感に駆られてその職を選択した人間類型を体現している人びとである。〔中略〕

　……教師は20年後に「あなたのおかげです、ありがとう」といわれるようになりたいがために、これみよがしに自己犠牲や公共精神をみせつけているような人間とみなされている。そのような人間にとって、組合をつくり、ストライキも辞さず、よりよい環境を要求するなど、まったくもって偽善的だとみなされるのである。

(グレーバー2020：324-325)

　日本のばあいは、公務員としてストライキ権をうばわれても当然だと信じられており、しかも、その労働条件は「定額はたらせ放題」と揶揄されるような低水準です。さらに、欧米社会との重要な差異として、日本の学校教員が教科指導以外の生徒指導と称される多種多様な業務を並行し（清掃指導・給食指導・衛生指導etc.）、しかも課外活動への無償奉仕や研修など無数の雑務をしょわされていて過半数が過労死水準とさえいわれる始末です。一応教科教育に専念できる欧米、ストライキ権が当然保証されている社会とは、労働権において雲泥の差をつけられているわけです。いいかえれば、「シット・ジョブ」化してひさしいアメリカの理不尽さに輪をかけて悲惨な労働環境が当然視されている現状が現代日本なのです。

　しかし、コロナ禍のもと、小中学校の教職がおかれている環境があまりに理不尽であるという認識が、保護者などを中心にひろがりはじめました。エッセンシャルワーカー（ケアワーカー）としての小中学校教員という、まっとうな位置づけです。

実際、2020年2月27日（木曜）に唐突に発せられた「全国の小中高、3月2日から臨時休校要請」は、大混乱をひきおこしました[59]。ともばたらき世帯・ひとりおや世帯にとって、給食をふくめ、登校中の時間帯は、未成年者の「デイサービスセンター」として機能していたのですから当然です[60]。高校はともかくとして、学校は各地域がかかえる巨大な「保育所（託児所）」なわけで、それを学童保育や学習塾などが補完することで広義の育児がようやくなりたっている事実を直視できない。それが首相ら男性国会議員たちの認識水準だったといえます[61]。

　のちほど詳細に検討するように、教室等の清掃・消毒作業を生徒にさせるわけにはいくまい、という判断は当然として、その「代行」を教員にさせて当然とする、自治体・文科省の感覚マヒはひどいものがあります。「ひどいはなしだが、財務省が特別予算などつけてくれるはずもない」といった罪悪感をおぼえつつ指示をだしているなら、まさに「ブルシット・ジョブ」（タスクマスター, taskmasters）です。いずれにせよ、教員各層は「シット・ジョブ」に従事させられていることにまちがいありません。

　一方、教員各層が、クレーマーと化す一部の保護者への対応で疲弊するとか、「シット・ジョブ」ばかりに従事している被害者だけなのかといえば、そうでないので、はなしは面倒なのです。それは、小中高と初等教育・中等教育の階梯（かいてー）をあがるにつれて、実社会から乖離（かいり）した教養教育へと変質しつづける教科教育という本質です。社会にでたときに役だたない、といったケチをつけたいのではなく、カリキュラムの趣旨（学習目的）がさっぱりみえない教科内容が急増していき、はっきりいって、大学入試や公務員試験合格のためにしか意味がないのではないかといった印象がぬぐえないのです。

一例をあげれば、「三平方の定理の証明」などがいいでしょう。整数比で3：4：5、ないし5：12：13などをとる3辺が直角三角形をなす、といった実用知。それは、ナイル川の氾濫後の農地の再分配にやくだち、またピラミッドなど古代帝国の建設技術の基礎となったという程度の教養なら、しっていてもわるくはないでしょう。しかし、「三平方の定理」が真理であるという証明作業を数種類おそわって、自前でトレースできるかたしかめる、といった学習過程を義務教育周辺で共有化する必要があるとは、到底おもえません。幾何学の証明作業が、万人の大脳にとって不可欠のトレーニングと信じているのは数学者ぐらいなのではないかと。

　それは、「鉄棒の逆上がりやマット運動の側転ができないのは、運動能力として欠落がある」といった器械体操マニア教員などの錯覚とにて、得手不得手という個人差を無視した暴論（精神主義にとらわれた悪平等イデオロギー）にみえます。個性として運動オンチが容認されねばならないのとおなじく、幾何学の証明など意味がみえない、という拒絶反応を全否定できてしまう教員文化こそ、実社会から乖離した学校イデオロギーの狂信とは、いえないでしょうか？

　そして、大学入試や公務員試験で有利にはたらくような知識＝教養よりも、ずっと重要な実用知＝市民的素養（性教育・金融リテラシー・政治リテラシー・サイエンスリテラシー……）はたくさんあります。これらを忌避・不要視し、受験文化にだけ適合的な高等数学の初歩だのを不可欠だといいはるのは、世間しらずにもほどがあると。性暴力被害や詐欺被害にあわないための自衛策であるとか、自分のくびをしめるような投票行動・投票回避行動とは、どういったメカニズムであるのか、インフルエンザなどウイルスに抗生剤が

きかないメカニズムとはどんなものなのか、など、成人になるまえ、いや10代なかばにはしっておくべき市民的素養は、当然優先順位がたかい。つまり、教育上のエッセンシャルワーカーとは、それら生徒たちの将来をローリスクにしてあげられる指導者という理屈ですが、なにか有効な反論がありえるでしょうか?

　もちろん、高等数学の初歩が全部ムダとはいいません。指数関数がわかれば、新型コロナなどの感染拡大を把握するために、新規感染者数の動態をグラフからよみとれるとか、ネズミ講が完全な数的トリック=詐欺商法だというメカニズムがわかるなど、しっておいて得なものは、たくさんある。ただし「それら数理的リテラシーは、万人が簡便に理解できるものではない」といった現実主義とセットでないと、カリキュラムとして無効だろうと[62]。

　ことは入試科目としてえらばれてきた教科の教員に限定された問題ではありません。美術や技術家庭科や音楽などで、提出物やパフォーマンスを強要し、(後述する)調査書の評定の素材とするような姿勢には、どのような合理的根拠があるのか? 公立中学の、これら技能系科目の教員の相当数は、入試で課されないがゆえに生徒に軽視されるといった被害者意識を共有し、それゆえにサディスティックな強要が横行してきたのではないか? これらが「義務教育」という美名[63]のもとにくりかえされるとしたら、それはカムフラージュされた組織犯罪(パワハラ)であるとしか、かんがえられません。生徒は、教員の恣意的な趣味につきあわされる義務をおっていません。教育のなをかたったパワハラを回避する権利をもっているのですから(ましこ2013)。

3-3. 学習達成評価周辺にまとわりつくブルシット・ジョブ

3-3-1. 悉皆調査「全国学力テスト」と PISA（OECD 生徒の学習到達度調査）をめぐる議論の迷走

　そもそもですが「悉皆調査＝全数調査」は、現実問題、ほとんどメリットがない前時代的調査法です。1000億円かかるといわれる国勢調査も、現実には全住民に面会して調査できているわけではないなど、全数調査は「目標」でしかありません。要するに、人員・資金・時間が膨大にかかるのに、全数データは結局あつめきれないのが現実です。

　「全国学力テスト」（全国学力・学習状況調査）もおなじで、全生徒に対するテスト実施は、いつまでも実現しないでしょう。そしてなにより、「全国学力テスト」は自治体ごと、学校ごとの競争を誘発するので、平均点をひきさげそうな生徒をはずしたり、テスト対策のトレーニングをくりかえす学校・自治体がかならずでるなど、全国の学力状況・学習状況をマクロ的に把握するという調査趣旨にそぐわない、構造的ユガミがつきまといます。全生徒のデータがあつめられず、しかもデータに構造的ユガミがくわわるなら、全数調査する意味は皆無なのに[64]、競争せずにはいられない自治体と、自治体の指導力に疑問をぬぐえない保護者たちが、統計学的事実を無視したこだわりをくりかえしているのです。

　全国の学力状況・学習状況をマクロ的に把握するなら、統計学的手法を駆使した標本抽出調査をおこなえばよいのに、統計リテラシーの欠落した官僚と政治家たちのせいで、標本調査はしばらくは実現しそうにありません。総コストがちいさいだけでなく、全国の学力水準がどの程度で、自分たちがどのあたりに位置するのか、学

習が不充分な箇所はどのあたりなのかが冷静に把握できる標本抽出調査。それなのに、試験当日はもちろん、事前準備の対策トレーニングなど、さまざまな時間の浪費が放置されてきたのです[65]。「全国学力テスト」全体が、文科省・文教族・各自治体の自己満足（やっているふり／つもり）の産物であり、巨大な「ブルシット・ジョブ」であることは明白です。関係者のどの程度に罪悪感が共有されているのかは、微妙ですが。

　一方、OECDが参加国として開始し、その後、各国よりもちいさな大都市レベルでも実施されるようになった、PISA（Programme for International Student Assessment, OECD生徒の学習到達度調査）も、「ゆとり教育」批判など、「学力低下」問題を誘発した点で、すくなくとも日本社会には、悪影響しかおよぼしていない印象があります[66]。「PISAスコアと経済成長」を関連づける議論をとおして、冷静に検討しようといった文章（古屋2020）や、教育社会学者たちによる「学力低下」論（本当に日本は近年学力が低下したのか etc.）もあり、本来は詳細に検討すべきでしょうが、紙幅の関係で割愛します（小松／ラプリー2021）。

　ここで主張したいのは、「PISAスコア」にふりまわされることでかわされる議論はもちろん、「PISAスコア」を日本全体であげようといった対策のほとんどは、ブルシット・ジョブにみえるから、やめた方がよい、という提言です。

　理由は簡単で、マスメディアに登場する議論のほとんどが、つぎのような非科学的な設定をうたがわない空論だからです。

（1）10位以内の上位国（地域）に当然はいってあらそわねばならない日本のはずなのに、リテラシーによって11位以下におちこんでいたりするのは、ゆゆしき事態だ。

(2) 10位以内にはいっているリテラシーであっても、3年まえより順位がおちているのは、学力低下の証拠で、学校教育が機能不全をきたしているとみなければならない。

(3) 韓国や中国など東アジア・東南アジアのライバル国（地域）が上位にあるのに、近年の日本の低迷ぶりはふがいない。

　過去の「PISAショック」だとか「ゆとり教育」バッシングも、こういった感情的なライバル心によって発生した集団ヒステリーといってよく、さわいでいるオトナたちの統計リテラシーには、本当に失望させられます。「こんなオトナたち世代に「指導」されていたのでは、ますます「ライバル」たちにひきはなされるのも、いたしかたない」と皮肉のひとつも、いいたくなる非科学的反応だからです。

　かれらの感情的あせりは、3幻想に通底している「日本＝教育先進国」という固定観念の産物です。端的にいえば、欧米の個性重視・創造性重視の自由主義的教育のような柔軟性はないけれども、「公文式」的な徹底的なドリルトレーニングは世界最高水準で、せりまけるとしたら、せいぜい中韓台3地域ぐらいだというおもいこみです。実際には「公文式」ドリルトレーニングで高得点がとれるような出題がないのですから、前提自体トンチンカンです。

　たしかに、近年のデータ（たとえばウィキペディア「OECD生徒の学習到達度調査」）で上位にめだつのが、シンガポール／上海／香港など華人・華僑地域＋日韓台などであるという傾向は否定できません。しかし、いずれにせよ各回の上位はめまぐるしくかわっていて、これら広義の東アジア圏同士甲乙つけがたいのではないでしょうか？　日本の順位に一喜一憂するのは、反中・嫌韓系の右翼

とにて、無用にナショナリスティックにうつります。

　また冷静にランキングの推移をみていけばきづくはずですが、2000年調査では「OECD加盟国28か国を含む32か国」だった参加国が、2018年調査では「79か国・地域（OECD加盟37か国，非加盟42か国・地域）」と参加地域がほぼ2.5倍に増加しています。つまり、国際社会における相対的地位が同レベルでも、順位がさがって当然だし、トップ10からすべりおちても不思議ではないと。

　あと、おおくの参照者たちが、ほとんどみおとしているだろう点として、ドイツ・フランス等、大国がランク外にある現実です。もちろん、アメリカなど移民がおおい地域なら国全体の学力水準がバラついて平均値等がさがるだろう、といった意見がでそうです。しかし、高学力だと評判となったフィンランドであれ、近年上位につけているエストニアであれ、人口がちいさな小国であることは重要です（532万人／132万人）。近年の上位国で1千万人以上の人口をそなえているのは、ベルギー（1154万人）、オランダ（1730万人）、台湾（2360万人）、オーストラリア（2520万人）、カナダ（3741万人）、ポーランド（3789万人）、韓国（5122万人）といったところで、人口5000万人以上の経済大国でランキングいりしているのは、日韓ふたつだけなのです。中国は、上海など大都市はトップクラスですが、全土で参加すれば、10位にはとどまれないでしょう。

　要するに、日本が近年「苦戦」してみえるのは、人口数百万どまりの小国や大都市が参加地域として「高学力」をしめしているからで、おおきな国土面積や人口、移民などの要素をかかえた国家・地域は、上位あらそいできないのが、PISAということになります。3年ごとのランキング発表で一喜一憂しているのは、日本だけではないようですが、ノーベル賞受賞やオリンピック・ワールドカップな

どと同様、「国力競争」の道具と化して、本来の教育評価＝指導体制の是非の検討に充分活用されていない、きらいがあります。

これは、前述した「全国学力テスト」の結果発表もおなじですが、相対的地位をたがいにきそいあい、一喜一憂し、学力や達成度を向上させるにはどこに着目すべきか、指導体制としてたりなかったのはどこなのかという、検討＝反省には充分いかされていない。結局ランキングをあげるための対策をどうしようか、という「やっているふり／つもり」競争を誘発していると、おもわれます。自治体や教育関係者が、ナショナリスティックに反応し、優越感や劣等感にとりつかれて、数値に拘泥することの愚は、明白でしょう。

3-3-2. 成績評価はだれのためのデータなのか？

前項でとりあげたように、およそランキング化されてしまいがちな数値化は、教育者のためになっていないし、すくなくとも、学習者本位のデータとしてまともにあつかわれたことがないのではないでしょうか？

たとえば、高校大学などの入試選抜のうち、推薦入試で資料として提出される調査書には、各学年・学期における教科の評定が数値化され、選抜するがわは、評定の平均値や基準をしたまわる科目の有無などを確認することでしょう。当日の入学試験の得点ではなしに、中学・高校在籍時の成績状況・学習態度等を総合的に推定したいという意向で調査書を資料化するのですから、当然です。

しかし、たとえば、「A＝（第2学年の9教科の評定の合計）＋（第3学年の9教科の評定の合計）×2」（神奈川県「公立高校入学者選抜制度の概要」）といった数値化がなされる調査書は、どういった機能をはたすでしょう。単純に推測すると、つぎのようになります。

(1) 美術・体育など学力検査で課されない科目の評定を気にする生徒が相当数となる。

(2) 「(第3学年の9教科の評定の合計)×2」といった学年ごとの加重が全然ちがう以上、1学年のときには評定を無視、3学年のときには教科担当にとりいる生徒が相当数となる。

(3) 教科担当にとって印象がわるいと認識する生徒の相当数は、私立校受験に専念する。

調査書の評定が絶対評価であれば、タテマエは到達度でも、教科担当者の恣意的な数値化がやまないでしょう。印象のわるい生徒に恣意的・懲罰的に低評価をつける人物も抑止できません。

以上非常に単純化しましたが、推定される機能が生徒本位でないことは明白でしょう。それはもっぱら、公立中学の教員が生徒の行動・意識を支配し、生徒が教員のかおいろをうかがうような風潮を助長することはもちろん、提出物の質・量といった要求水準を恣意的にゆがめ、「やっているふり」を正当化するのも同然です。しかも、文科省自身が、授業に積極的に参加しているなど、姿勢を数値化するような指導をすすめてきたこともありますから、教員に表面上従順で、あたかも自発的に授業・宿題にとりくんでいるかのような演出のたくみな生徒＝よくいえば精神年齢がたかく、わるくいえば狡猾で柔軟に面従腹背ができるような人格を助長する点で、きわめて偽善的で非道徳的な「人間教育」を常態化させるはずです。

これらは、従来の「教師＝聖職」論などの欺瞞性などとは比較にならない、本質的な矛盾であり、「学校教育とは偽善・欺瞞を当然視する、非倫理的収容所ではないか？」という疑念・指弾に反論できないとおもわれます。

これは、「スクール・カースト」[67]など、生徒間の序列構造を自明視して教室運営をしてきた普通の教員たちの無自覚な差別性・非倫理性とあいまって、「学習指導」「生徒指導」全体が疑惑の目にさらされるような、深刻な構造です。

そしてなにより、これら偽善・欺瞞と並行して、評定が生徒本位ではない本質をかかえていることもあげねばなりません。なぜなら、相対評価なら単純な生徒の序列化だし、絶対評価だとしても、つけた数値の到達度としての妥当性について、おおくの教科担当者は責任をおいかねるだろうからです。この文章の読者の一部は、現役教員だったり、もと教員でしょう。みなさんがある一群に「評定5」と記入した合理的根拠はなんですか？　文科省の学習指導要領の要求や、あなたが教職のプロとして自負する到達度の基準を充分みたしていたと、自信をもっていえますか？　「一度たりとも、絶対評価をくだす数値になやんだことはない」と。

筆者のばあい、自分の大学での成績評価は到底絶対評価とはいいがたいものだったと、告白せざるをえません。「市民的素養としてそなえるべき社会学の基本的知見」を学期全体でバランスよく保障しえたのか（カリキュラムの取捨選択上の妥当性・合理性）といった次元はもとより、「グローバル化」という項目の理解度として、「冷戦崩壊後急伸したボーダーレス化」しか視野にない履修生から、どの程度減点するのが妥当か、といった具体的次元でもです。その結果、筆者は「マスプロ教育」という「ブルシット・ジョブ」をわりきるために、「課題の規定をまもれている」「アカデミック・ライティング規範に抵触していない」「あきらかな事実誤認がまぎれこんでいない」といった最低限を設定することで、これらをみたせば「SないしA」というレポート採点を機械的にくりかえしまし

た。まじめな履修生にとっては、「S」評価乱発のゆるい教員だった とおもいます。

　こういった、偽善的・機械的処理は、履修者本位なのか？　そう ではないでしょう。官僚制組織の末端として成績処理を完了させる べく、事務処理上教員本位の一貫性を維持しただけです。もちろん、 授業準備に要した時間・エネルギー、学生からの質問にできうるか ぎり回答しようとした時間・エネルギーほか、はずべき点があった とはおもいませんが、「市民的素養としてそなえるべき社会学の基 本的知見」を提供し、大半の学生に満足感をあたえて毎学期終了で きたのかといえば、それはちがうと、断言できます。マクドナルド 化したマスプロ講義という物理的制約のなかで、きわめて不充分な 教育実践しかできなかったと告白するほかないのです。だからこそ、 「残念な理解状況」がレポートに露呈していても、責任転嫁などで きません。筆者ができうるかぎりの努力と主観的に信じた実践の、 無残な残骸が、期末レポート等提出物の質としてアウトプットされ たということです。

　「やっているふり」をしたことはないと、むねをはれますが（保 身のための「ブルシット・ジョブ」にはてをそめない）、「やってい るつもり」という空転はなかったか？　学生のレポートを熟読し、 次年度の授業運営を適切に更新しつづけたのかといえば、不充分き わまりなかったのではないか？　そんな後悔はぬぐえません。再提 出の要請など指導はくりかえしましたが、期末レポートは受理した まま返却せず、コメントもつけないので実に非教育的ですし。えこ ひいきにならないように、良質なレポートをほめることは、ひかえ ましたから。

　ところで、×印を「ばつ」とよみならわす経緯は「罰点」からき

ているといわれています。教育者＝評価者がわからして「許容範囲」をこえている「不可」という判定をしめす記号なわけですが、そういった懲罰的姿勢は、教育的なのでしょうか？　学習者が自分たち指導者がわの想定する「許容範囲」から逸脱しているという現実は「罰」の対象なのか？　「罰点」とは、学習者を教育的に打擲するための指摘では本来なく、指導者の不徹底さの露呈であり、はずべきは学習者ではないはず。「学習者がまちがえた」という認識こそ責任転嫁なのであり、自分たち指導層の無為無策・無能ぶりをたなにあげた（直視をさけた）、自己欺瞞ではないかと、最近は痛切に感じます[68]。

3-3-3. 第三者評価機関への自己評価報告書ほか、提出物作成

　のちほどふれる大学教員の研究費捻出競争ともからみますが、大学は、自治体の教育委員会にあたる監督機関がない一方、教育および研究に尽力している、というポーズを書類上ととのえなければなりません。

　グレーバー自身が大学での書類作成等における作業の急増を「ブルシット化」の典型例としてとりあげていますし[69]、現代日本固有の病理ではないのは、あきらかです。それはともかく、「（教育実践や研究の）やったふり」を全教員が書類上体裁をととのえねばならないとの規則のもと、作業を年度末にくりかえしている作業時間やストレスのムダさが想像つくかとおもいます。端的にいえば、少々無能であったり、いい加減な教員が少数まざるのがゆるせないからと、有能な教員にも悪平等の文書作成をしいることで、貴重な研究時間のロスが発生しているとみて、まちがいありません。皮肉なみかたをあえてすれば、「働きアリの法則」や「パレートの法則」に

そって、優秀な2割が全体の8割前後のパフォーマンスをカバーしていることを経験的に確認できた時点[70]で、かれら主戦力に特別功労賞的なボーナスでも支給すれば、全体として最高の組織効率がもたらされるはずなのです。それなのに、せっかくの優等生部分のハイ・パフォーマンスの邪魔をしていることになります。

これらムダな悪平等圧力が、優等生部分の不満からでているはずがありません（優秀な優等生は、一部の機能不全などにいちいち反応しない）。「サボっている連中がまざっている」と感じる中間層の不満（相対的剥奪感＝被害者意識）[71]に、管理部門が過剰に反応し、「みんな平等に責務をになわねば」といった、反論しづらい「正論」として、暴走しはじめてしまうのだとおもわれます。

そしておそらく、大学教員に第三者評価などをもとめる財界や文科省などの姿勢には、「大学教員は、不当にながい休暇、不当にたかい賃金、不当にたかい社会的地位にしがみついているので、つねに不労所得がないか監視しなければならない」といった、芸能人・政治家に対するのと共通する社会心理が作用しているとおもいます。

そういった心理の間接的証拠としては、うえの「大学教員」という主部を「小中高校教諭」といれかえた意識が、容易に確認できる点をあげておきましょう。戦前から、初等教育の関係者は、給与の遅配などもあり、決して富裕層でないことはもちろん、有閑階級でないことは、明白でしたが、農村を中心に校長等は地域の名士でした。師範学校出身者を中心に中等教育をへた中間層であり、現在の4大卒よりもずっと上位に位置していたのですから、当然です。だから、戦後も高度経済成長期ぐらいまでは、あこがれの職種でもあった。それが、1970年代の大衆社会のもと大学進学率があがり、民間企業の給与水準があがると、教員層の社会的地位が相対的に急

落していく。そのいきついたさきは、大都市圏の高学歴化した保護者層による、露骨な侮蔑意識の誕生です。

「教員は税金でくわしてもらっている地方公務員にすぎない」といった、一応正論にみえる蔑視には、「託児所」としていいように利用するだけの自分たちへの自省など、かけらも感じないでしょう。大都市圏を中心に、公立学校をひくくみて、中学受験やエスカレーター式の私学を選択する層が急増する動態と、この意識変容は並行していました。その「最終地点」こそ、「夏休みなど、教員の特権をゆるすな」といった、「やっかみ」意識の一般化です。逆にいえば、大学教員だけが、「充電期間」としての長期休暇を死守できている、唯一の教職といっても過言ではないと。

したがって、第三者機関によるチェックうんぬんといった、資源の浪費でしかない制度が導入されたのも、おそらく小中高校教員を「定額はたらかせ放題」で搾取することを黙認してきた文科省・教育委員会・財界などの意向とせなかあわせです。そして同時に、うえにあげたような、教職に対するネジれた意識（コンプレックス）が定着していった1970年代以降の大衆社会の「意識変容」が、教職イジメ、教職バッシングに「同意」をあたえてきたのだとおもいます。そこには、すでにふれたような、調査書などを介したうらみ・つらみ等もからんでいたでしょう。「託児所」である学校の教員は、デイサービスとして、ひるまは保護者の代理人ですから、生徒にとっては権力者ですし、実際、授業崩壊・学級崩壊などのカタストロフィーが発生しないかぎり、生徒は弱者ですから、教員に対してコンプレックスをもたずに10代をすごす方が不自然です。全国学力テストでの平均点競争が自治体で発生した背景も、こういった心理的背景があると推測できます。「教師を監視して、しっかり

はたらかせろ。増長をゆるすな」みたいな、特高的心理の蔓延です。

そんななか、教育社会学をはじめとした専門人（大学・研究所所属）が、「学校教育については、もうすこし冷静になりましょうよ」と提言しても（小松／ラブリー2021）、きくみみはもてないでしょう。生徒時代＋保護者世代として教員コンプレックスゆえにためこんだ不満をベースとし、事実にもとづかないバッシングが攻撃性を正当化してくれる時代がきてしまいましたから。

エッセンシャルワーカーとしてかけがえのない教員層という、あたりまえの位置づけ、「定額はたらかせ放題」ほか、さまざまな理不尽をおしつけてきたことへの自省などが、コロナ禍を介してでも、理解されていくことをねがうばかりです。そうすれば、「不当にながい休暇」といった充電期間を否定する論理矛盾に気づくはずですし、大学関係者が不当な特権を享受しているといった被害者意識もきえてくれるかと。

3-4. 性的少数者やインペアメントなど、個人情報にまつわる不適切さ

文科省が性別違和など性的少数者への配慮を現場にもとめたこと、お茶の水女子大学がMtF（心理的性が女性である生物的男性）の入学許可をみとめるなど、プライバシーにかかわる性的指向・セクシュアリティについての人権上の配慮が報じられるのは、マレではなくなりました。自治体レベルに限定されていますが、同性婚を事実上異性愛者同士の婚姻関係と同等にあつかう制度改革などもうまれており、近年の動向は、すこしずつ欧米・台湾などの先進地域をあとおいしている印象です。

もちろん、ことは、学校をふくめた公共セクターにかぎられた問題ではなく、企業における人事やトイレ整備などにも無縁でない現代的課題です[72]。しかし、ここでは、最終的に民事裁判などをとおして長期的には是正されていくだろう、官庁・自治体、民間企業等の人権水準はおいて、10代・20代の非社会人のケアにかかわる学校を軸にかんがえていくことにします。

　「学校（および、それに準じた教育組織）」が厄介なのは、企業なら人事課のような組織しか個人情報を集約していないのとことなり、「前任者からのもうしおくり」などというかたちで、生徒のプライバシーが「共有化」されてしまいがちな点です。つぎのような地方紙の記事は、問題の所在を非常にうまくしめしてくれています。

「どうして、ほかの先生が」　元生徒　守られなかった性の秘密

「どうして、ほかの先生が知っているの」

　高校の卒業式が終わって間もない2017年3月。佐賀県在住の健崎まひろさん＝仮名、当時（18）＝は、大学合格を報告するため母校を訪れた。しばらくして、偶然すれ違った教諭が意味深にこう声を掛けてきた。「今までいろいろ大変やったとね」

　その後に会った複数の教諭も、自分の「秘密」を知っていた。なぜ。

　健崎さんは男性として生まれた。性的指向（好きになる相手の性別）は男性で、性自認（自分の認識する性別）が明確ではなく、短髪と制服にずっと抵抗感があった。「もう髪を短く切りたくない。今までずっと我慢した。最後は自分らしい姿で卒業したい」。同年2月、心と体の性が一致しないトランスジェンダーであることを生徒指導教諭に告白（カミングアウト）した。教諭は淡々と「分かっ

た」とだけ答え、卒業式前の頭髪検査は免除された。その際、健崎さんは「担任と学年主任の教諭以外には他言せず、話が広まらないようにしてほしい」と伝えた。だが、約束は守られず、複数の教諭が「秘密」を共有していた。

怒りはなかった。ほかの教諭たちも同情し、気を使って声を掛けてくれたのだろうか。ただ当時の健崎さんは掛けられた言葉を「優しさ」と受け止められず、驚きと不安ばかりが募ったことを覚えている。

「先生たちって、怖い。率直に、そう感じた」

◇5組が宣誓書

長崎市が性的少数者(LGBTなど)のカップルを公的に認める「パートナーシップ宣誓制度」を開始して2日で丸1年。市によると1日現在、5組が宣誓書を提出した(1組は既に受領証を返還)。市の担当者は「性的マイノリティー(少数者)の生きづらさをどう解消するのか。学校現場が担う役割は大きく、今後も人権課題の一つとしてとらえ、市教委と連携を図り、教職員への啓発などを取り組みたい」と課題を挙げる。

実際に性自認や性的指向で悩んでいる生徒に対し、学校側はどう向き合っているのか。教諭に告白した生徒と、複数の生徒から打ち明けられた教諭を県内外で取材した。

高校卒業1カ月前の告白(カミングアウト)。心と体の性が一致しないトランスジェンダーの健崎さんは話が広まらないよう生徒指導教諭に要望したが、「秘密」は他の教諭に知れ渡っていた。

「卒業間近で、まだ良かった。学校生活がまだ長く残っていたら、一体どうなっていたのか不安」

■理解示す大学

　幼少期は女の子と人形遊びをすることが多かった。小学生にな
りジャニーズに夢中になった。中学1年の時、陸上部の男子に初恋
をした。「オカマ」「女っぽい」。周囲からの心ない言葉は、いつも
陽気を装って笑い流した。

　高校で初めて同級生にカミングアウトし、その後も理解を示し
てくれる友人に恵まれた。卒業の半年前、生徒指導教諭より先に
担任に性自認を明かし「校内でジャージーを着用したい」と相談
したが、「卒業まで我慢した方が良い」と言われた。

　現在、大学4年の健崎さんは「女性」として生きている。化粧
を楽しみ、髪は肩にかかるまで伸びた。大学側は理解を示してサ
ポートしており、健崎さんは当事者団体のサークルをつくった。4
年前の苦い経験をふり返り、こう訴える。「カミングアウトした相
手には黙っていてほしいのが本音。学校がリスク管理のため情報
共有するのは理解できるが、約束した共有範囲は絶対に守ってほ
しい」

■信じてくれた

　「生徒からのカミングアウトはうれしい。自分を信じてくれたの
だから。だからこそ、軽々しくほかの人には言えない」

　県内の公立中に勤務する保健体育科の40代女性教諭はこう語る。
これまで3人の女子生徒からカミングアウトされた。

　3年前。性の多様性について考える特別授業をした後、生徒全員
にワークシートを配布すると、2人の女子生徒がこう書いていた。

　「自分を男だと思っている。でも先生は『変じゃない』と言って
くれた。だからこのまま生きます」

「私は女の子が好き。でも先生、それって変なことじゃないんですね」

2人のことは、だれにも明かしていない。

3人目の生徒は、2年前の個人面談で女性が好きだと告白した。さらに制服のスカートが苦痛で、「ジャージーで登校したい」と願い出た。許可するには学校の了承を得ないといけない。生徒に何度も念を押した。「どこまで、ほかの先生に話していい？」

生徒はつぶやいた。「女性が好きなことは言わないで」

女性教諭は事情を知るほかの教諭と話し合い、生徒の性的指向を隠した上で職員会議にかけ、ジャージーの登校は認められた。

「性の問題に限らず、学校としては生徒から相談されたら全員で共有しようという雰囲気がある。ただし、共有範囲や必要性をきちんと生徒に話して確認する必要があるのでは」。女性教諭はそう声を上げる。

2015年、一橋大の法科大学院の男子学生が同性愛者だと同級生に暴露された後に転落死した。女性教諭はニュースを見て衝撃を受けた。せめて自分の生徒には同じように苦しんでほしくない。「どんな人が好きで、どんな服が好きなのかは、その人の個性。生徒が自分らしく生きていくために学校現場も変わり、柔軟に対応しなければ」

■合意が大前提

性的マイノリティー（少数者）の子どもの実態に詳しい宝塚大看護学部の日高庸晴教授は「学校側の情報共有は必要だが、生徒との合意形成が大前提。黙って情報共有するのは良くない。共有範囲を生徒と話せることが理想的」と指摘する。さらに「勝手に

情報共有をしていることが生徒本人に漏れると、学校や教諭との信頼関係の構築が難しくなる。中高生期は初めてカミングアウトする人も多く、教諭側の対応の在り方が生徒の今後に決定的な影響を与える」と助言する。　　　　　　　　　（『長崎新聞』2020/09/02）

　「共有範囲を生徒と話せることが理想的」とされていますが、「理想」ではなく、最低限ではないでしょうか？　そもそも「学校側の情報共有は必要」なのでしょうか？　当人が、特定の教員に個人的にカミングアウトしたという事実は、事実上セクシュアリティ情報について教員間での共有化など論外だととらえている証拠でしょう。カミングアウトした教員とのあいだだけ共有する秘密＝それ以外の教員・生徒が信用できないから基本的にはパッシングをつづける。これが妥当な事実認識だとおもいます。したがって、「勝手に情報共有をしていることが生徒本人に漏れると」といった発想自体、教員本位のみがってな論理であることに、気づかねばなりません。
　ちなみに、「今までいろいろ大変やったとね」と、「意味深(しん)」にこえをかけてきた教員は、プライバシーの「共有化」を当然の判断だと信じ、善意で保護しているつもりだったのでしょう。しかし、そんな「善意」はひとりよがりで、恩きせがましい特権意識でしかないこと、すくなくとも当事者本位ではなく、生徒のあたまごしにかわされる教員文化でしかないことは「意味深」な表情で露呈しています。当事者のショックを想像さえできないからこそ、こんな偽善的な態度をわざわざとったわけで、この無自覚なエセ善意は、悪意以上に厄介であることに、教員集団、いや文科省の役人が自覚するのは、いつのことやら[73]。
　以上のような「教員間での共有化＝無自覚なアウティング」問題

は、グレーバーの分類にはあてはまりませんが、「共有化」だとか「配慮の方針」など職員会議の実態は、すくなくとも当事者にとっては有害無益な行動です。

3-5. 政治労働としての予算獲得競争：官僚組織としてのアカデミズム（タスクマスター，taskmasters）

　社会学者のランドル・コリンズは、物財の生産にかかわる過程を「生産労働」、組織経営にかかわる過程を「政治労働」となづけ、メーカーなどの分業を理念型として二項対立図式にしました[74]。

　日本の学校を広義の保育所／託児所とみなし、その具体的サービス内容を、広義の学習支援業務と広義のケア業務と位置づけるなら、メーカーにおける「生産労働」に対応するのが、学習支援業務＋ケア業務といえるでしょう。

　もうおわかりのとおり、教員は学級担任を軸に給食指導やら清掃指導などで、午前・午後と半日以上忙殺されていますが、過労死水準として問題視されてきたのは、これらサービス提供以外の領域（時間帯）です。教育委員会への報告書作成など、サービス業務がとどこおりなく遂行されているという証明作業はもちろん、熱中症や軽傷など種々の事実の報告業務を保護者・教育委員会にするなど、メーカーにおける「政治労働」に対応する領域が、始業から終業の時間帯の前後を中心に処理されます[75]。この図式をあてはめれば、学級担任業務をもたない、非常勤の家庭科教員などは、学期末の成績評価作業以外は教科教育に専念できるわけで、「生産労働」的業務がほとんどになり、校長等管理職は、急病等で代行にはいるなどを例外として「政治労働」的業務がほとんどになるはずです。

一方、小中高校以外の大学等の教育機関は、研究業務や教授会・委員会など、学生対応からはずれた業務が種々かかえこまれています。たとえば、大学は、通常じまえで入試選抜業務を毎年こなします。志願者・受験者は、入学許可をもらうまで学生ではないので、大学の教育サービスの対象ではありません。あきには推薦入試など、さまざまな選抜過程が開始するので、おそくとも６月ぐらいからは、当番となる作問者・採点者の選定、過年度との変更点の確認など、入試準備業務が本格化します。私立・国立の小中高校の先生方も同様の業務をこなすでしょうが、３月下旬の最終的な合格者確定から数か月後には、（分担者の交代はあれど）次年度入試の準備がはじまるといったあわただしさは、さすがにないはずです。

　とはいえ、大学等高等教育機関や研究所が小中高校と本質的にことなる点は、やはり研究し社会に還元することが制度としてうたわれていること、実際に研究費などが予算化され、年度毎に業績報告書などを義務づけられている点です。研究休暇と称して、本務校の教育業務などから半年〜１年にわたってはずれて、外国の研究機関で活躍してくるひとさえ毎年度です。帰任後、教育や研究に資するために、最低でも「充電」してくること、可能なら国際的にめだって、大学名をしらしめてくることさえ期待されていると。

　そもそも夏季休暇・冬季休暇は、（入試業務などをこなす当番以外も）バカンス期間＝オフシーズンではありません。研究休暇で大学からはなれる層以外も、教育や研究に資するために、最低でも「充電」してくることが自明の前提なのです[76]。授業準備ほか通常業務でへたってしまった学期中の心身をリフレッシュすることもふくめてです。アスリートたちのオフとにています。

　さて、このようにかんがえてくると、大学教員は、学生対応の

「生産労働」にあたる業務以外に、官僚システムとしてこなす事務処理はもちろん、種々の「政治労働」をこなしていることがわかります。ラーメン店なら、仕込み・仕入れ→料理の提供という「生産労働」以外に、衛生管理・アルバイト店員の教育・経理など「政治労働」がイメージできるでしょうが、大学教員は、授業準備と講義・演習指導などのほかに、各種業務をこなすほか、研究や社会貢献など、学外・学期外での業務が相当量におよぶのです。

　なかでも特殊なのが、学会報告・論文／著書執筆のための調査・資料収集と、そのための研究費の調達です。高校教員でも、自然科学・社会科学の担当者は、フィールドワークにいくひとがいるでしょうが、数週間にもおよぶような調査を計画したり、そのための調査費用を獲得するために申請書をたくさんかく。共同研究者をあつめ、アルバイトに謝金をはらって、最終的には報告書や共同の論文集を刊行するといった水準までがんばる先生は例外的少数のはず。それもそのはず、学習指導要領などで指導内容を規制され、大学入試対策などで時間を拘束される中等教育段階を担当する以上、大学教員や研究所員のような研究時間と調査費用は捻出できないのが普通だからです。

　しかし、この予算確保活動が、実は、厄介な構造をかかえています。それは、「予算総額は上限があるので、競争的に獲得合戦をかちぬいて、各自自己責任で確保してね」というシステムでまわっているからです。そのため、各研究者はときに暴走し、だせてもいない研究成果を捏造して、のちに大スキャンダルに展開したりします（村松2006）。そこまで悪質ではないものの、予算獲得競争のための準備作業は典型的な「政治労働」と化します（ましこ2010：100-102）。過去の関連業績を「詐欺メイク」よばわりされるギリギリまでもり、

計画している調査研究が、いかに学術的に意義がおおきいかを必死にアピールしあう、正直さもしい動機がうずまく世界がくりひろげられることになります。極端ないいかたをすれば、「研究しているふり」「だしたふりの研究成果」を精一杯する競争がくりかえされると。

　プロジェクトごとに任期つきで募集される、「ポスドク」とよばれるわかて研究者の一群は、任期中にはっきりとみえるかたちで成果をあげねばならず、しかも、常勤ポスト獲得のための就職活動も並行しなければならないなど過酷なたちばにあり、不正行為にはしりがちだとの指摘があります。官僚制の負の側面です。

　ことに、基礎研究に冷淡だとされる近年の日本のばあい、いかにも実用性がたかくみえる研究計画だとか、著名な研究者がみこしにのった大プロジェクトに予算がいきがちで、現職優位が常態化している首長選挙などと同様、研究費の格差はひろがる一方ともいわれています[77]。機会均等原則が成立しないわけで、とても正常な競争状態とはいえないでしょう。

58 みもふたもないはなしですが、教育委員会が、小中学校などに対して第三者的に公正なたちばをとることは構造上ムリです。なにしろ、人事交流というなのもとに、副校長や校長になる直前の教員は教育委員会の職員として学校現場を一時はなれ、ほどなく副校長・校長として学校現場にもどるからです。教育委員会は教育行政という官僚制組織として、学校の上位に位置しますが、教育系の地方公務員としての教員は、出世コースほど教育委員会とちかいし、教育委員会の職員が現場教員を罰するような指導（自浄作用）は、そもそも期待できないのです。

59 「全国の小中高、3月2日から臨時休校要請　首相」（日経 2020/02/27）
　　　いわゆる「専門家会議」の意向を無視したのみならず、文部科学大臣自体が決断をきかされずにいた「寝耳に水」状態だったことだけみても、当時の安倍首相の異様な独断専行ぶりが明白です。

60 混乱したのは生徒の保護者たちだけでなく、翌週あたまからの対応を翌2月28日（金曜）一日しかあたえられなかった（生徒への指示も全部ふくめ）現場教員もふくめてでした（実際には、管理職はもちろん教員各層は土日返上で対応策に奔走したとみられます）。首相の「今回の要請は法的拘束力を有するものではなく、最終的な判断は学校を設置する地方自治体や学校法人などで行われるもの」「各学校や地域で柔軟に判断いただきたいと考えている」といった答弁は、事実上の現場へのまるなげであり、無責任きわまりない「要請」でした（「臨時休校要請 安倍首相「実情踏まえ柔軟に対応を」」（NHK 2020/02/28））。

　　　卒業式の中止などをふくめ学事日程が全面的にくみかわるだけでなく、巨大な春季休業が突如発生することで、保育所や学童保育など、ありとあらゆるケア現場にシワよせがうまれました。これら大混乱を当時なんとかしのげたようにみえたのは、女性や教員など、ケア労働最前線にいた市民の必死の対応のおかげというほかありません。現場の現実にまったくうといリーダーによる、迷惑千万な政治判断（トップダウン）だったことは明白です。

61 この事態に先行する「保育園落ちた日本死ね!!!」と題した匿名のブログ（2016年）が喚起した社会問題に対して、政府はもちろん、各自治体も充分な改善策をうてずにきた現実があります。育児を結局は個人的な努力でやりくりさせるという、介護・教育をふくめた自己責任論がなくならないかぎり、事態はかわりません。

62 その点で、「ゆとり教育」を論難するなど、姿勢に多々疑問がわくものの、『「%」が分からない大学生——日本の数学教育の致命的欠陥』（芳沢2019）が指摘する問題群は、いろいろとかんがえさせられます。これは、数学教育を中高で徹底すれば解消する問題ではなくて、数理的センスの次元に問題の所在があること、同様な次元で各教科の学習目的を再検討

するなら、国語科・英語科・地歴科・公民科……など、おおくの教科において、本質的にかんがえる経験を生徒にさせていないこと、いや、学校の大半で、本質を「ブラックボックス」において思考停止している現実からめをそらし、ともかく「教科内容を学習指導要領どおりにやったこと」にするという、やっているフリに終始しているのではないかとおもわされるからです。おそらく教壇にたち指導してきた教員自身が、大学の教職課程で、おそわったことがない。かんがえさせられた経験をもたないからだと想像します。

　　ここで、英語科・国語科の教育にたずさわる広義の教育者にクイズです。
(1)「英文のなかに登場する日本語固有名詞は、ヘボン式ローマ字で表記する必要がない。その合理的根拠を簡潔に説明しなさい。」
(2)「鉛筆等「硬筆」で漢字を表記するとき、筆順や点画で唯一の正答があるわけではない理由を簡潔に説明しなさい。」

63　戦前の「臣民」規定から解放された市民は、徴兵など動員の一種として普通教育をうけさせられるのではなく、生徒の学習権を、保護者・自治体・政府が保障する「義務」をおうことになりました。

64　悉皆調査には「誤差なく正確な結果が得られる」といった、メリットがかならずあげられますが、大規模調査のばあい、そもそも全数調査は普通実現しません。そもそも統計学的誤差以上に、全数をしらべあげようという努力・過程自体が、母集団に無用なストレスをくわえて実態をゆがめてしまうのですから、ナンセンスなのです。

65　「中教審義務教育特別部会の場は，学校間の序列化は得られるデータの歪みといった悉皆実施の弊害が指摘されていた」のに、そういった統計学的見地が拒絶されてしまったことをみても、およそ科学的な議論ができるようなふんいきではなく、結論ありきだったようです（鳶島 2010）。

66　小川たまか「「ゆとり教育はやはりダメだった」は本当か？　国際学力調査で日本の順位が急復活した本当の理由」（『DIAMOND ONLINE』2014/01/10）、後藤和智「「ゆとり世代」学力低下はウソだった〜大人たちの根拠なき差別に「ノー」を！」（『現代』2016/04/21）などでわかるとおり、PISA の結果から「ゆとり教育」を全否定することは不可能なのに、「ゆとり教育」バッシングは熾烈をきわめ、教科書が肥大化・重量化したことを、わすれてはなりません。

　　いずれにせよ、「ゆとり教育」バッシングが何重にも事実誤認と無根拠な悪意の産物であって、そもそもナンセンスな本質・経緯をかかえていたことについては、大内（2020）参照。

67　ウィキペディア「スクールカースト」、および、土井（2009）、鈴木（2012）など参照。

68　40 年ちかくまえ、学習塾でアルバイトをした際、中核的地位にあったベテラン塾講師が、すさまじい速度で答案を採点しているさまにでくわし

ました。かれは誤答の部分だけ、チェックしていましたが、該当箇所を
とがめるようにペンをたたきつけていて、そのたびに、解答した塾生の
不勉強ぶりを侮蔑したうなり声をひくくひびかせていました。自分の指
導のままにならない塾生をひそかにののしり、精神のバランスをとって
いたのでしょう。おぞましい教育空間だったとおもいます。

69 グレーバーは、大学の官僚制の病理として、シラバス作成のてまが 8 倍、
チューターへの試験問題作成依頼のてまが 6 倍にふくれあがるメカニズ
ムを図解しています（グレーバー 2020：339-340）。ロボット化をおしす
すめようとすると、コンピューターが自動処理してくれるわけではない
プロセスが結果的に急増し、従来のシンプルな処理が不可能になること
がわかります。まさに非合理化です。

70 生物学的なモデルでは、2 割の優等生、6 割の平均層、2 割の怠惰層に分
離し、これは生得的に個体がそうなのではなく、全体の分業のなかで、2：
6：2 がつねに維持されるらしいと。20％の個体が 80％のパフォーマンス
をこなし、60％の個体が 20％のパフォーマンスをこなすとすれば、労働
効率からすると、各層の個体の貢献度は、0.8/0.2：0.2/0.6：0/0.2 ＝ 4：
1/3：0 ＝ 12：1：0 となります。

71 前項でのモデルにならうなら、平均層は全体のパフォーマンスの 2 割し
かこなせていないので、6 割の集団のくせに、2 割の優等生たちの 4 分の
1 しか貢献できていないのです。したがって、貢献度 0 の怠惰層に不満を
いだくのは、むしろうぬぼれがすぎるわけで、本来、自分たちの無為無策・
無能ぶりを優等生たちに陳謝すべきなのです。だとすれば、怠惰層を指
弾する言動自体が不当であり、自分たちの非貢献ぶりをカムフラージュ
するかのような責任転嫁行為と解釈すべきでしょう。

72 「トランスジェンダーのトイレ論争。戸籍上の性別によりトイレは使い分
けるべきか？」（『STOCK LGBTQ ＋』2019/05/24）
「トランス女性に対するトイレ利用制限措置は違法であるとの初の司法判
断が下されました」（『OUT JAPAN』2019/12/13）
今野晴貴「「一人ぐらいいいでしょ」 性的マイノリティーへの「アウティ
ング」と闘う」（『YAHOO! JAPAN ニュース』2020/06/13）
今野晴貴「履歴書の「性別欄」はパワハラ？「強制アウティング」を恐
れる当事者たち」（『YAHOO! JAPAN ニュース』2020/07/1）
松岡宗嗣「「男か女かわからないやつに営業させない」職場の SOGI ハラ・
アウティングどう防ぐ？」（『YAHOO! JAPAN ニュース』2020/07/10）
「性別欄のない履歴書、コクヨが発売へ 当事者の要望受け」（『朝日新聞』
2020/08/21）

73 カミングアウト／パッシング／アウティングの微妙な心理を繊細に描写
したマンガ、鎌谷悠希『しまなみ誰そ彼』には、無自覚で当事者をきず
つけつづける愚者＝一般的市民の想像力不足がきちんとえがきこまれて

います。「けどそれがキツイってこともあるよね」「悪意とは戦えるけど、善意とは戦いようがないもん」というなげきは、強烈な皮肉となっています。(鎌谷 2017：109)

74　現実には生産労働のみならず、いわば政治労働というものもまた存在する。この後者は、主として組織経営(organizational politics)を巧みに操作することにおける努力を意味する。生産労働は富の物質的生産に責任をもつが、政治労働は富を占有する条件を整える。

(コリンズ 1984：68)

なお、コリンズとは異質な政治性に着目し、グレーバーが「脅し屋」や「取り巻き」として位置づけた組織内業務を包括的に理念型として抽出した「政治労働」モデルについては、ましこ(2018a：39-40)参照。この理念型のばあい「生産労働」の二項対立とはなりませんが。

75　実際には、テストの採点業務ほか、さまざまなサービス残業がもちかえられたりして、校内にいる時間をはみでた業務が大量にありますが。

76　したがって、大学教員のおおくは、学期中とそれ以外の期間を、学生対応期間と研究期間というぐあいに、おおざっぱに二分して1年をとらえています。

77　著名な研究者が知人を共同研究者としてあつめ「タスクマスター(taskmasters)」としてふるまうのは、さけられない構図でしょう。

マタイ効果(マタイこうか、英語：Matthew effect)またはマタイ原理(マタイげんり、英語：Matthew principle)とは、条件に恵まれた研究者は優れた業績を挙げることでさらに条件に恵まれるという現象のことであり、それは科学界以外の様々な分野でも見ることができる。「金持ちはより金持ちに、貧乏はより貧乏に」と要約できる。この概念は名声や地位の問題にも当てはまるが、要約の文字通り経済資本の累積的優位性にも当てはめることができる。

この効果は、1968年に社会学者ロバート・キング・マートンによって提唱された。その名称は、聖書のマタイによる福音書に因むものである。……

(ウィキペディア「マタイ効果」)

4章

生活者・青年層のためにならない行政

：自衛隊・司法改革・健康行政を中心に

4-1. 肥大化しつづける兵器購入など「負の Slack」／災害派遣等にそなえる後方支援組織

　日本をはじめとして、経済先進地域にして軍事大国（軍事予算が世界上位10位以内）の大半は、軍事費があたまうちになるか（たとえば日本ならGDP1%弱程度の水準）、漸減現象をみせています。財政負担や具体的な軍事的脅威の減少が反映しているでしょう。しかし、日本の防衛費がいくらGDP1%弱程度にとどまっているとはいえ、一機100億円超といった巨額の軍用機を100機以上購入する計画が計上されるなど、一般市民の理解をこえた「散財」がくりかえされてきたことは、明白です[78]。世界には類をみない、「思いやり予算」など、米軍駐留費用の日本政府の負担は1990年代から1000億円以上当然のように拠出されてきたなども、合理的説明がむずかしいところでしょう[79]。いずれせよ、これらの総計が、GDP比1%といった巨額の支出として、毎年の納税分から恒常的にあてられてきたのです（軍隊は後方支援組織が巨大であり、そこでの人件費・経費が膨大で、兵器購入の大小で軍事費をかたってはいけないのですが）。

　ちなみに、グレーバーは、軍隊の非常に皮肉な機能（軍事的にではなく、奉仕活動をとおした社会貢献）に着目しています。右翼ポピュリズムが問答無用で支持する軍隊。しかし、皮肉なことに、軍隊は、ボランティアなどとして活動すれば単なる「シット・ジョブ」として粗末にあつかわれそうな奉仕活動を可能にし、兵士にいきるよろこびをあたえる「リアル・ジョブ」を保証する組織として機能している、という指摘です。

　グレーバーは、右翼ポピュリズムがいみきらい標的としてきた

「リベラル・エリート」の本質を、高潔とされる作業を経済的貧窮リスクを気にせずできる特権性にみています。

> ……もしたくさんのお金を稼ぎたいのであれば、そうする方法はある。一方で、もし別のかたちの価値——真実（ジャーナリズム、アカデミックな研究）、美（アート世界、出版界）、正義（社会運動、人権活動）、チャリティなど——を追求し、なおかつそれで食っていこうとするならば、家族の資産や社会的ネットワーク、文化資本などがある程度なければ、それは端的に不可能である。「リベラル・エリート」とは、お金を稼ぐこと以外の目的をもって活動してもお金を稼ぐことができる地位に実質的に組み込まれている人びとである。かれらはあたらしいアメリカの貴族階級になろうとしており、おおむねそれに成功しているとみなされている。ハリウッドの特権階級と同じである。かれらは世襲の権利を独占し、それによって豊かな暮らしと高い目的に寄与しているという充実感——高貴であるという実感——の両方を得ることができる職に就いているわけだから。　　　　　　　　　　　　（グレーバー2020：327）

　ビジネスで成功して富豪になる可能性は0ではない。だから、実業家トランプなど富裕層のみせびらかしには、はらがたたない。しかし、金銭欲にとらわれず名誉を追求しつつ、結果的に充分すぎる報酬もかちえている「リベラル・エリート」には正直むかつく。……家族の資産や社会的ネットワーク、文化資本＝おおくは世襲される資源がない庶民には、「リベラル・エリート」への参入に何重にも目にみえない障壁があるから、偽善的だ。グレーバーは「リベラル・エリート」にいらだち標的として攻撃をくりかえしてきた右

翼ポピュリズムの心理を、以上のように、あばいてみせたのです。

　そもそも軍隊は、国防をになう善意の集団として右翼にとって完全無欠の組織。しかし、同時にそれは、貧困層出身者などがボランティア活動を実行できる、うってつけの組織でもある。たとえば、現地のコミュニティとの関係性を密にするという目的で海外の米軍基地は奉仕活動をおこないながら、その効果はほとんどないそうです。しかし、それでも「教室を修繕したり、無料で歯の検診を実施したりする」活動は中止されなかった。なぜなら「公共奉仕義務に関与することのできた兵士たちが、二度も三度も再入隊する」など「本当だったら平和部隊に入りたかった」層が実在した。「平和部隊に参加するには、大学の学位の取得が必要」なので、「米軍は、不満を抱いた利他主義者たちの避難所なのだ」とグレーバーは指摘します（グレーバー2020：328）。

　日本のばあい、アメリカの平和部隊（Peace Corps）に相当するのは「青年海外協力隊」ですが、その応募資格は「日本国籍を持つ20歳以上の心身ともに健康な者」とだけあり、選抜は学歴によらず、もっぱら実務能力がとわれるものとおもいます。一方、大学に進学できなかったけれども公務として奉仕活動をしたいといった高卒層が自衛隊を意識的にえらぶとは、かんがえづらいでしょう。

　しかし、震災直後の救援活動や復興事業への自衛隊の参加は、あきらかに自衛隊擁護論[80]のおいかぜになったはずです。自衛官は、海外に派兵され、そこで戦闘状態にまきこまれ、応戦・殉職といった事態を想定しつつも、基本的には憲法9条のもと、戦争には動員されない組織であること。つまり、戦闘状態がおさまった地の復興支援などに関与する海外派遣はあっても、他国軍と戦闘におちいるような「有事」は想定しない、「平時」勤務が基本の職務だという

認識が自衛官の大半にはある。逆にいえば、「富士総合火力演習」にみられるような、戦闘能力の確認や誇示といった「たたかう組織」という性格が基軸ではなく、日常の業務はもちろん訓練等も、実質「平時」のそなえ（後方支援組織）がベースとなる。だからこそ、「たたかう組織」をささえる後方支援網こそが、自衛隊の中核であり、それが災害等「有事」のそなえにもなっている。……このような暗黙の自衛隊理解が成立していると、かんがえられます。

たとえば尖閣諸島をめぐって中国海軍と戦闘状態にはいったとき、米軍と合同の応戦になるのか、米軍（第七艦隊）ぬきで自衛隊および海上保安庁だけで対応するなら、「固有の領土は死守できるのか」といったシミュレーション。軍事マニアらの脳内「兵棋演習（War game, Military Simulation）」にあたる作業を、防衛省幹部らは実際日々準備をすすめているでしょう。しかし自衛官の大半は、「有事」の際に直接動員されることはない部署に勤務しているし[81]、自衛隊という巨大な官僚組織の歯車にすぎない自衛官各人は、軍事マニアらのドキドキ「脳内兵棋演習」などとは、無縁な日常をいきているはずです[82]。

ともあれ、自衛官の大半が後方支援組織に所属している実態にかんがみれば、すでに指摘した米軍の「平和部隊」的機能は、自衛隊志願の動機としても無視できないでしょう[83]。自衛官になるとは、戦闘機にのって警戒態勢にはいるとか、不審船の侵入に対応する海上保安庁との連携にくわわるとか、そういった軍事（応戦）がおもではない（すくなくとも、膨大な職務の極々一部）。それら「出動」をしたざさえするための巨大な官僚組織の歯車として、日々淡々と公務をこなし、ときに自然災害などの有事に公務ボランティアとして現地におもむくために訓練をくりかえすのが、実質的な

「本務」だろうと。

　そもそも「自衛隊の主任務は自衛隊法第3条第1項に規定されている「外国の侵略からの国土防衛」であり、災害派遣は同法第3条第2項の主たる任務に支障ない範囲で行われる、本来任務の中の"従たる"任務にあたる」とされています。しかし「災害派遣は、その活動内容が専ら人命・財産の保護であり、2016年現在、1度も実施されていない防衛出動や治安出動、3回しか実施されたことがない海上警備行動と異なり、すでに32,000回以上の出動実績がある」という、活動実績で歴然としているように[84]、自衛隊法の趣旨における任務の「主／従」といった規定は、実態からおおきくはずれたものといえるでしょう。「外国の侵略からの国土防衛」にそなえた実戦組織という、名目上のアイデンティティとはことなり、自衛隊の主たる任務は、事実上「災害派遣」そのものだと。自然災害や原発事故など広域かつ甚大な被害に対応した「人命・財産の保護」こそ自衛隊の実質的な存在意義であり、「災害派遣」が有効にできるよう、日々準備をおこたらないことこそ日常業務なのです。したがって「広域災害救援隊」とでもよぶべき組織として、再編すべきといった議論[85]は、あながち空論ではないはずです[86]。

　このように、自衛隊の実質的機能を冷静に検討すれば、アメリカのトランプ大統領らに圧力をかけられ、たとえば「対米黒字を減らし、貿易不均衡を緩和する効果」「日本にとっては、農産物での妥協を抑えるカードになっている感すら」あるといった[87]政治決着は、戦闘機を自衛のために充分確保すべきだとするたちば自体の破綻を露呈させます。たとえば反戦平和志向の批判者（日本共産党etc.）が、そんな高価な戦闘機より福祉にまわせと主張するのは当然として[88]、米軍との軍事同盟死守をかかげる日本の保守派が、安保上の

不利益を対米関係だけで妥協するのは、自己矛盾でしかないからです。欠陥機だが、トランプ政権に恩をうり、対米黒字をへらしたり、農産物の輸入交渉でのとりひき材料とするために、大量購入はやむをえないといった「妥協」は、「外国の侵略からの国土防衛」をうたう自衛隊法とはあいいれないのです。

このようにかんがえてくれば、防衛費という有事対応の"Slack（システム上のユトリ）"[89]の蓄積に（後方支援組織としての自衛官の人件費や施設整備費などはともかくとして）ムダがあってはなりません。F35大量購入といった予算措置は、端的にムダ＝浪費であって、決して蓄積してはならない「負のSlack」というべきでしょう。そして、戦闘機のスペック等に敏感なはずの防衛省の技官たちが、F35等、高額兵器の欠陥に気づかないはずがありません。だとしたら、他省庁との「妥協」だとかといった政治的産物を容認し、つじつまあわせの防衛予算をくむ官僚たちは、究極の自己矛盾＝「ブルシット・ジョブ」の遂行者といえそうです。防衛大臣が野党からの質問に窮する状況を打開し、ともかく「兆」の次元での予算執行をかちとるための「妥協」なのですから。

4-2.「詐欺商法」に加担する行政／市民の福利厚生に逆行する行政

4-2-1.「法科大学院」詐欺

医師国家試験など理科系の専門職の選抜を除外してのはなしですが、戦後ながらく、公認会計士試験や国家公務員一種試験などとならんで三大難関試験として、熾烈さが神話化してきた司法試験。「法科大学院」詐欺とは、そもそも不穏当なタイトルですが、この最難

関試験の一角が「詐欺」的現実の舞台になったという意味です。

法科大学院とは、ほかの専門職大学院とことなり、修業年限が普通2年のところ3年だったり、修了すると司法試験の受験資格をあたえられるなど、異色の位置づけをもっています。そもそも司法試験とは、弁護士や裁判官など、法曹とよばれる法律上の専門家を選抜する資格試験で、過去には、短答式試験／論文式試験／口述試験という3段階のふるいにかけるものとして、戦後ずっと安定した資格試験でした。それが、1999年にはじまる2年がかりの司法制度改革審議会によって、法科大学院で3年間勉強（法学部卒は2年間）したうえで新司法試験に合格するというメインストリームが確立したのです。

司法制度改革は、裁判員制度などもあわせた、民事／刑事の司法制度の抜本的改編と法曹全体の増員をふくめた大改革で、法科大学院の設置は、その最大のはしらとなりました。いわゆる既存の「一発試験（3段階のふるいではありますが）」ものこされています。しかし、メインストリームとして法科大学院を3年おえ司法試験の受験資格をえるという制度改編は、法曹をめざす学生にとって、おおきな負担に感じられたのは当然です。独学や司法試験予備校がよいで短期合格をめざす層以外は、受験資格をえられるまでに最低6年間要するということにかわったからです。合格までの勉強期間も学費（生活費も）も増加するのですから、制度改革は改悪にしかうつらなかったでしょう。

しかも、当初、法科大学院修了者は7-8割の合格率で、新司法試験を2-3回受験することでほぼ法曹資格をえられるような認識が喧伝されていました。しかし現実には、最高の合格率の大学院で6割弱、旧帝国大学系の拠点校でさえ合格率が5割にとおくおよばない

のが普通という、惨たんたる事実が露呈しました。さらにいえば、合格率のたかい法科大学院とは、そもそも法学部の偏差値がたかいなど名門校のもとにあるだけでなく、首都圏・関西圏など司法試験予備校が近隣にあるところばかりであることも判明したのです。

司法制度改革では、司法試験予備校で支配的だった、マニュアルによる解答技術至上主義的な姿勢が不信視され、リーガルマインド（法曹に不可欠な法的センス）や実務能力の涵養がうたわれていました。旧司法試験に特化した受験秀才では、まともな法曹になれないというのが改革の趣旨であり、その限界を是正できるのが法科大学院だという認識ですすめられていたはずなのです。

しかし現実には「理論と実務の統合を図るために、法科大学院をつくったのであるが、現状は、理論は研究者、実務は実務家と分断されたままである。しかも、新・司法試験は相変わらず判例や法解釈が中心なので、予備校に頼る学生は少なくない」「新司法試験の採点の結果では、旧制度の修習生について指摘されていたマニュアル指向・正解指向等の問題点が改善されていない」という、無残な現実が露呈したのです（ウィキペディア「法科大学院#法科大学院の教育能力」）。法科大学院の機能不全は明白だし、「新司法試験」も、あらたな法曹像にはマッチしていないのでした。だったら、旧司法試験の時代の方がましだったという不満がでるのは当然でしょう。

司法制度改革は、弁護士にかぎらず、裁判官・検察官の人員増強も目標としてあげられていましたが、超多忙といわれる裁判官が大幅増強されてユトリがうまれたというはなしはありません（新藤2009）。また、当初は司法試験合格者を年間3000人を目標（2010年）とされていた時代がありましたが、司法試験受験者数自体がジリ貧になり、2020年には受験者総数自体が3700人強と、3000人台

までにへってしまいました。合格者数・率がひくすぎて募集停止・閉鎖をきめる法科大学院が2015年から続々でたのですから、当然です。「当初は20-30校が適正規模と考えられていたが、実際には74校も乱立し定員が約5800名となったのも誤算」[90]といった杜撰（ずさん）な試算の結果は、2020年現在35校にまで半減するという劇的淘汰（とーた）（「適正規模」への収束）となりました。

　裁判官・検察官の人員増強は、財務省という障壁があるため、限界が当初から予想できたでしょうし、解せないのは日弁連など弁護士団体までもが、3000名への合格者増員に反対しなかった経緯です。欧米社会なみに訴訟件数が増加するはずという試算がベースにあったようですが、マーケティングとしてありえない過大評価だったことが露呈しました。

　つぎのような、悲惨としかいいようのない現状と、それに対する弁護士の一部の意識・姿勢が法科大学院擁護派が偽善・欺瞞というそしりをまぬがれないこと、司法制度改革を容認した法務省・文科省が、国家的な詐欺行為をはたらき責任をとるつもりがないらしい、という批判がでています。少々分量がありますが、なまなましい記述です。

白石資朗

@shiraishilo（2020年8月12日）

発足当時を見れば明らかなとおり（合格者1000人見込みのところ6000人を超える定員）、彼らにとっては「入学金と授業料を取れるか」こそが重要であって、受験生の人生などに興味はないんですよね。当初は「三振」した学生の行方すら把握していなかったし（今は知りませんが）。

深澤諭史

@fukazawas（2020年8月12日）

いや、ほんと疑問というか不思議なのは、受験生、新人弁護士を経済的に追い込みまくる政策を支持しながら、「苦しいっていうな！」って言い出すところなんですよね、法科大学院関係者って……。

（「司法試験3000人合格を実現する国民大集会」の感想　その2（需要の正体））

旭川の中村先生が「運動論としてニーズを言うのではあれば、対価を伴うニーズであることを主張すべき」とおっしゃられたのは、少なくとも私からすれば至極当然のことだと思うのですが、彼ら（増員派）からの回答は「年収300万円でもいいという人を生み出すためにも、合格者増員が必要だ」（後藤富士子弁護士）であるとか、「就職先がないというのは300万とか500万とか貰えるのがないという話で、就職先自体はあるはずだ。」（岡田和樹弁護士）というものでした。私はてっきり、彼らの主張とは、「法科大学院の教育は有益で、社会に有能な弁護士を多数輩出しているのだから、社会は必ずや弁護士の実用性を認めて、喜んで相当の対価を払うだろう。」というものだと思っていたのですが、そうではないようです。対価なんていらない、という人材をたくさん輩出するのが目的らしい（！）のですよ。

http://blog.livedoor.jp/schulze/archives/52096748.html

第18回法曹養成制度改革顧問会議（平成27年3月26日開催）【資料2－1】法曹人口調査報告書骨子試案

『中小企業調査においては，法曹有資格者を通常の正社員として採用していると回答した企業も，任期付社員として採用していると回答した企業も，ともになかった。また，98.1％の企業は，法曹有資格者を採用していないし，今後も採用する予定はないと答えており（問10），採用は進んでいない。』

『大企業では，法曹有資格者を社員として採用している割合は未だにそれほど多くはなく，76.2％の企業においては，法曹有資格者を採用していないし，今後も採用する予定はないと答えている。』
（自治体のニーズ　30ページ）

『法曹有資格者を採用しているか（問10）に対しては，640自治体（有効回答733のうちの87.3％）が「法曹有資格者を採用していないし，今後も採用する予定はない」と回答している。』
http://blog.livedoor.jp/schulze/archives/52113821.html
（企業のニーズ　25〜26ページ）

メディアのインタビューで発言を捏造された東大学生「弁護士は稼げないよね、とは言いました」（2019年3月17日）
「弁護士は稼げないよね、とかは言ってます。」
↑ココ、すごく大事なとこ。
http://blog.livedoor.jp/schulze/archives/52230775.html

Yahoo!知恵袋「法科大学院に多額の学費と時間を費やして弁護士資格を取得する価値ってありますか？」
http://blog.livedoor.jp/schulze/archives/52207519.html

資格価値の暴落と「改革」への認識（河野真樹の弁護士観察日記）

Yahoo!知恵袋で、最近「法科大学院に多額の学費と時間を費やして弁護士資格を取得する価値ってありますか？」という質問に対して、こんな回答が掲載されています。

「いま弁護士を目指す価値は全くないです。数年の猛勉強と数百万円の費用をかけてロースクールに通い、日本最難関の司法試験に受かってようやく弁護士になっても、平均年収はサラリーマン全体と同程度。しかも、格差は激しく食べて行けない場合すらあるし、今後も悪化する一方。あと、社会から異常なバッシングを受けている。業務の特性から恨みを買いやすい」

「これまでの努力が全く評価されない。あれほど勉強して資格をとっても、食べることすら確保できなくて当然と言われる。難関資格でそんな資格は他にはない。全くもって割りに合わない、おそらく日本一割りに合わない資格。絶対に絶対に目指すべきではない」

もちろん、現在においても、弁護士資格取得について、この回答とは違う価値を見出している人はいるし、だからこそチャレンジする人がいるのだとしても、この回答者の見方はやはり前記司法試験出願者数で起こっている事態と切り離してみることも、また、その原因を考えるうえで軽視することもできないものだと思います。何度も書いていることですが、もはや経済的リターンが期待できない、さらにいえば、むしろ先行投資と難関資格相応に恵まれていないところが、まさに「日本一割りに合わない資格」という烙印につながっている現実です。

http://kounomaki.blog84.fc2.com/blog-entry-1065.html

司法制度改革の正の側面を上回る負の側面 （2020年6月20日）

　法科大学院制度を中核とする法曹養成の司法制度改革は、どこに問題の本質があったかというと、「国家が法曹養成への役割と責任を放棄し、司法修習を一部民営化した上で、それに伴うコスト負担を志望者の負担に押し付けたこと」にあると思います。

　そこに、少子化で学生確保に苦しむ大学が、利権目当てに殺到した。司法研修所から法曹養成の担い手たる地位を奪いたいと考えていた一部の弁護士が、それに乗っかり、大学と協働した。このスキームを正当化するため、法曹人口の大量増員が必要だとする口実が用意された。

　しかし、現実には、それだけの法曹人口を必要とするニーズは存在しなかったし、実務をやっていない大学に実務家の教育などできなかった。

　法科大学院ができ、司法修習も貸与になり、法曹志望者が負担すべきコストは膨大になった。しかし法曹人口の激増で法曹の所得が下がってしまい、コスト負担に見合うリターンは期待できなくなった。このため法曹志望者は激減した……。

　この構造を正面から認めない限り、どんな小手先の改革をしたところで、法曹志望者は戻ってこないでしょう。

http://blog.livedoor.jp/schulze/archives/52256038.html

（「司法試験3000人時代が到来」『Schulze　BLOG』2020/08/13から）

　「新司法試験に不合格となった場合、30歳前後の年齢で無職・職歴なしとなるが、それに対する救済措置は何ら考慮されておらず、社会全体で考える必要があるとされている」という趣旨の新聞記事

(2009/02/25)がウィキペディア「法科大学院#その他の問題点」には あります。20代という、現代日本にあっては決定的なキャリア形成期を台なしにしかねない無責任きわまりない制度を政府や弁護士団体が黙認ないし指弾をひかえてきたという現実。全国紙が「社会全体で考える必要があるとされている」などと、責任の所在をあいまいにしたままの批判を展開してから10年たってもなお、「社会全体で考える」など、カケラもみいだせない現状が、偽善・欺瞞でなくて、なんでしょう。

　法科大学院設立や維持に奔走した大学関係者や実務家の責任はもとより、司法試験予備校をめのかたきにした責任転嫁の結末が、法曹育成に法科大学院の大半は寄与せず、結局司法試験予備校だのみだったという、皮肉にすぎる現実を、司法制度改革審議会メンバー(審議委員―法律家の過半数は存命)は、いまどうふりかえっているのか？　すくなくとも、かれらの大半は「ブルシット・ジョブ」をやらかしていたという後悔の念をもっていそうにないし、司法制度改革に失敗しただけでなく、おおくのわかものの人生をくるわしたという罪悪感もないのでは、との想像は、邪推でしょうか？

4-2-2.「特保」「栄養機能食品」「機能性表示食品」ほかヘルシズムへの加担

　近年(といっても、民主党政権時代から慢性的ですが)、反中・嫌韓層≒親台層を中心に、東アジアのイメージが基本的に低落してきました[91]。そんななか、コロナ禍は、反中・嫌韓モードを悪化させ、WHOが組織全体で中国のいいなりみたいな極端なきめつけがはびこる、おかしな時代をひきよせてしまいました。ネット右翼を中心に陰謀論が横行し、大衆をあやまった方向に誘導する洗脳装置

だとばかりに、日本政府批判をおこなう姿勢全体を、「媚中」だと
か「レッドチーム」⁹²だとかと侮蔑する論調がネット上をかけめぐ
るようになりました。コロナ対策での評価も、反中的かどうか嫌韓
的かどうかなど、ナショナリスティックな感情論にとらわれた「結
論ありき」の論難／美化だらけになってしまっています。

　WHOに対する評価も同根で、共産党政権での情報統制をあしざ
まに論難しない事務局長の姿勢などをもって組織全体を全否定し、
トランプ政権につづいて日本政府も脱退すべきだとか、分担金をだ
すべきではない、日米台を軸にWHOにかわる国際機関を樹立して
中国を孤立させるべきだ、といった、非現実的というより妄想的な
暴論さえ、めだつようになったのです。

　もちろん、ネット右翼層は、ウラとりができない（あるいは、つ
ごうのわるい情報は拒否しつづける）個々人の集積ですから、エ
コーチェンバー現象のただなかにあります。トランプ政権支持層と
同様、メディアは洗脳機関として市民をだますためにニセ情報しか
ながさない、と信じきっており、メディアが事実を淡々と報じてい
ても、それをソースとして利用する層を情報弱者ときめつけて世界
を把握しきっていると確信していたのです（きわめて独善的に、自
分たちは知力にすぐれた選民で「情報強者」だと信じてうたがわな
いと）。

　しかし、国連の安全保障理事会の常任理事国が、それぞれ自国の
利害から自由でなく、それぞれ「フランス・ファースト」「イギリ
ス・ファースト」をかくしもっているように、国際機関に偽善・欺
瞞がからまない方が不自然です。皮肉っぽいいいかたをあえてすれ
ば、私利私欲まみれといっても過言でないFIFAやIOCほど露骨で
ないにしろ、各国政府は国際機関という舞台を最大限に利用して、

国益（というより「現政権ファースト」）を追求するものなのだと、わりきって冷徹に監視すべきなのです[93]。そもそも、WHOの感染症対策上の警告や提言が時時刻刻妥当かどうかも、中長期的な歴史的検証をへないかぎり客観的判断はつけられないはずです。各国政府の利害はもちろん、製薬会社などのロビイングもすさまじいはずですから、ワクチン製造競争や特許等の利害関係、安全性についての保証問題も、WHOがつねに客観中立的な姿勢を維持できると期待する方がまちがっています。

　もちろん、反中勢力が喧伝する指摘で、唯一絶対妥当だろう論点はあります。みごとな新型コロナウイルス制圧劇をみせた台湾をオブザーバーとしてさえむかえいれないWHOは、中国政府に忖度しすぎである。それこそ分担金が上位にあるわけではない中国が反発して脱退するといいだしても、台湾の正式加盟をみとめるべきだ、といった議論は正当だと。

　もちろん、以上のような政治判断は完全に非現実的な暴論です。世界人口の6分の1をしめる超大国が脱退する事態は、公衆衛生上の巨大な空白地帯をもたらすからです。二択といわれれば、台湾をきるしかないわけですが、そこをじょうずに、中国のメンツをたてつつも台湾を実質テーブルにつかせる政治的努力がWHO事務局には必要だし、アメリカ政府が政治決着をつけるような水面下での工作がのぞまれるだろうと。

　それはさておき、WHOが客観中立的な姿勢を維持できない舞台ウラをかかえるのと同様のメカニズムは、当然、日本の厚労省にもあてはまるわけです。社会学者・梶田孝道（1947−2006）が指摘したとおり、官庁が社会的弱者本位の中立的組織のはずはなく、業界団体の利害調整機関でしかありません（梶田1988，ましこ2010：64-66）。

厚労省なら、医師会・製薬メーカー・医療機器メーカーの利害はもちろん、欧米・中国など大国の姿勢から自由なはずがないのです。

　もちろん、マスクひとつ、まともに流通を制御できなかった日本政府の統制能力などをみても、利害調整機関としての機能不全は明白で[94]、中国／ベトナム／シンガポールのような独裁体制はもちろん、台湾／韓国のような準戦時体制による整然としたリーダーシップなど、期待する方がまちがっています。多数の識者が指摘してきたように、日本の2020年夏季までの感染率・死亡率のひくさは政府のリーダーシップの適切さの産物ではありません。東アジア・東南アジア地域の住民の免疫機能のつよさをベースとし、近代日本特有の潔癖主義、相互監視体制による同化圧力などがくわわった、「合力」の産物とみるべきでしょう。

　むしろ第二次安倍政権などの無為無策ぶりをいまさら非難しても詮ないことです。SARSコロナウイルス（2003年）での流行にまなばず、保健所の削減など公衆衛生上の体制をひたすら貧弱化させた厚労省と財務省の非科学的施策にみちた「共犯関係」（＝新自由主義にしたがった財政健全化至上主義の暴走）こそ、「戦犯」というべきでしょう[95]。

　以上のような事実認識にしたがえば、「医療先進国だったからこの程度の犠牲者ですんだ」系の事実誤認にみちた総括・安堵もありえないわけです。結果として、専門家会議の議事録問題や官邸の恣意的な政治的判断などもふくめ、厚労省さえ、あたまごしに翻弄されつづけた第二次安倍政権などの迷走ぶり。それは、冒頭でふれたとおり、映画『シン・ゴジラ』などに仮託された日本人の願望とは正反対の官邸・官僚組織の実態（実力のなさと、組織病理らしい機能不全）をあぶりだしてしまいました。厚労省は、過労死水準の労

142

働現場を制御できない点で労働者の人権の守護者ではないし、公衆衛生上も責任ある非常時対応ができない組織であり、ともかく官僚たちは、後手後手にまわった組織的機能不全の後処理＝「尻ぬぐい（duct tapers）」に奔走して疲弊しつづけているといえるのではないでしょうか[96]。

　同様の組織病理（社会的弱者のみかたであるべきなのに、むしろ「よわきをくじき、つよきをたすける」体質）は、コロナ禍以前、いやSARSなど新型感染症への対応問題以前から、ずっとひきずられてきた問題です。公害病や薬害などの処理などにおける「ブルシット・ジョブ」のかずかずは、すでに散々論じられてきたので、ここでは、それほどヘビーにはみえず、日常的な話題をあえてとりあげることにします（「まえふり」が、ながすぎましたが）。

　それは、高齢化社会の進行にそって意識化された、健康志向（ヘルシズム）に対する厚労省の姿勢です。近年急増したテレビCMのテーマを列挙してみましょう。スマホなどの通信サービス、宝くじ系、ゲームソフト、通販、広義の生命保険、そしてひる前後から午後の時間帯に急増する健康食品などがめだつはずです。

　テレビのスポンサーは、さまざまなマーケティング手法を駆使して視聴者層の特定をすすめてきました。たとえば10～16時前後に健康食品がめだつとすれば、50代後半以上の世代、具体的には、育児がすんだ女性と退職者をターゲットとして商戦が同業者同士でかわされていると推定できます。コロナ禍で在宅勤務やオンライン授業などがふえたでしょうが、それでもテレビCMのテーマの動向がかわったようにはみえませんから、パート労働もふくめて、通勤・通学とは無関係な世代がイメージされつづけているのでしょう。端的にいえば、自分たちの加齢が意識化され老後をふくめた健康不

安がもたげた世代、平日のひるまえから夕刻にかけて在宅率がたかく基本的にはヒマな有閑層だとかんがえられます。

　では、厚労省は、これらテレビCMをながすスポンサーと、どうかかわっているのか？　それは、「特保」「栄養機能食品」「機能性表示食品」ほかヘルシズムへの加担と、うえにしめしたように、科学的検証がなされていると確認できたから消費をおすすめしている、という、おすみつき機関としてです。ひざ関節などの疼痛をやわらげる効果があるとか、食物繊維の不足を痛感する生活から解放してくれるだとか、「メタボリックシンドローム」や「ロコモティブシンドローム」のリスクをさげるだとか、さまざまリスク軽減法を企業が医師・医学博士らを動員して市場拡大につとめる。WHOが発表してきた発がんリスクがあるとうたがわれる食材を列挙して、たとえばソーセージ業界をあわてさせたのとは逆方向で、「滋養強壮」につながる、期待できると、効能を消極的ながらも擁護しているのです。

　がん患者を親族に複数もつ層が「がんの家系だ」と警戒し、発がん性をもつとされる食材を忌避するのと並行して、細胞の「がん化」を抑止するといわれる食材をおいもとめる。がんを発症した人物や家族にとって、「がんがスッキリきえる食事」といった表題が、新聞広告や書店で視野にとびこんでくる。……このような、ある種、当事者、特に加齢を意識した中高年層の不安につけこんだ商法、商品開発が常態化して、医薬品メーカーとは異質な食品メーカー・化学メーカーその他の業界が市場開拓にいろめきたつ。厚労省は、メーカーを一般的に管轄してきた経産省のような安全基準ではなく、医学的・栄養学的な見地から検証し、安全性に責任をもちます、といった態度で、産業界に影響をおよぼそうとしているのです。

法科大学院に法務省だけではなく文科省も関与するように、そして医師国家試験や薬剤師国家試験に厚労省だけでなく文科省も関与するように、高等教育機関という制度をいとぐちに省益を追求し、あわよくば「天下り先」を確保できないか画策する。厚労省は、医事関連、労務関連以外に、ヘルシズム市場という不安産業を発見し、業界人と並行して不安をあおるようになったといえそうです。

　アメリカ人の相当部分がヘルシズムのとりことなり、医学的には疑問視されてきたサプリメント依存におちいっている現実。皮肉なことに、健康格差は経済格差とたかい相関関係をもち、つまるところ、経済的優位にあることが精神的優位をもたらし、それが時間的ユトリやストレス軽減につながって、暴飲暴食リスクを結果的にさけさせる。スポーツジムにかよう経済力も時間的余裕も当然うまれるだろうし、「日本食は少々贅沢だが、ローファットでヘルシーだ」などといった選択肢も視野にはいるだろう。必然的に基礎疾患をかかえる確率はへるし、コロナ禍なら、エッセンシャルワーカーとして動員されずにすむだろう。……

　以上のような、肥満社会といわれる北米空間でのリスク格差まで露骨ではないにしろ、ひるま、ヒマなところに健康不安をかきたてられ、ヘルシズムのもと、リスク回避にやくだちそうな「食品」「快眠アプリ」等を厚労省があとおしをする。医学博士や、アスリート／もと女優などが、イメージキャラクターとして、にこやかに効能をアピールしつづける。これらの商戦は、はたして医学的に問題が皆無で、経済的に過度の負担とはならないのか。イメージキャラクターの著名人は「ブルシット・ジョブ」をイヤイヤひきうけるために、高額のギャラをえたりしていないのでしょうか？（5-2.参照）

　いずれにせよ、つぎのような厚労省の説明は、医学的な根拠をあ

げるようなポーズでもって、実は、なにも効能の保証などせず、業者におすみつきだけはあたえるという、偽善的な姿勢を端的にあらわしているといえそうです。

特定保健用食品の疾病リスク低減表示

特定保健用食品は医薬品ではなく食品であるため、疾病名の表示や病態の改善に関する表示はできません。しかし2005年に、関与成分の疾病リスク低減効果が医学的・栄養学的に確立されている場合には、疾病名の表示が認められるようになりました。この新たな制度によって現在「疾病リスク低減表示」が認められた関与成分は「カルシウム」と「葉酸（プテロイルモノグルタミン酸）」で、下記のように表示されます。

カルシウム

この食品はカルシウムを豊富に含みます。日頃の運動と適切な量のカルシウムを含む健康的な食事は、若い女性が健全な骨の健康を維持し、歳をとってからの骨粗鬆症になるリスクを低減するかもしれません。

葉酸（プテロイルモノグルタミン酸）

この食品は葉酸を豊富に含みます。適切な量の葉酸を含む健康的な食事は、女性にとって、二分脊椎などの神経管閉鎖障害を持つ子どもが生まれるリスクを低減するかもしれません。

（「特保（特定保健用食品）とは？」『e-ヘルスネット［情報提供］』）[97]

一方厚労省は、麻薬取締法などで、依存性・危険性などについて疑問が呈されている大麻も違法化を維持し、覚醒剤や合成麻薬など、いわゆる「ハードドラッグ」と同等の危険視をつづけています。他

方、大麻などよりあらゆる面で危険度がたかいとされるアルコール
やニコチンのリスクについては、依存性への言及はしても WHO の
警告の水準さえも満たそうとせず、事実上規制を放棄してきました。
WHO の恣意的で偽善的な姿勢も問題ですが、厚労省の姿勢は医学
的根拠をださずに違法性の有無をきめ、財務省の省益への忖度（そんたく）か、
アルコールとニコチンという二大依存性物質についての、事実上の
無規制という、非科学的で欺瞞的な態度に終始してきたのです[98]。

　これは、ポルノ規制などと同様、愚行権（2-8.での議論参照）の侵
害を行政として積極的におこなう姿勢といえますが、うえにのべ
たように、「特保」など、科学性のあやしい商品におすみつきをあ
たえるなど、嗜好品やヘルシズムなどへの恣意的介入と、せなか
あわせとおもわれます。厚労省は、医学界という権威をうしろだて
に、介入の是非を科学的な根拠をもったものだというポーズをとり
ますが、すくなくとも一部の医系技官は、恣意的介入に疑問を感じ
ながらすごしているとおもわれます。英文を軸にした海外の論文等
を、未見のまま放置しているとは、かんがえづらいからです。

4-2-3. 低用量ピル／アフターピル定着に抵抗し、バイアグラのリス クを黙認する行政

　最近、予期せぬ妊娠をさけるための「緊急避妊薬」入手が実は困
難で、そこに厚労省や男性医師らの抵抗があるらしいという記事が
めだつようになりました。2020年7月、8月だけにしぼっても、つ
ぎのような報道・指摘が検索でたどれます。

　　　小川たまか「緊急避妊薬を手に入りづらくするのは、「若い女性
　　への性教育が足りないから」!!!」（『YAHOO! JAPAN ニュース』

2020/07/31）

「高まる緊急避妊薬の必要性…NHKが紹介した慎重論に非難殺到」
（『女性自身』2020/07/30）

古田大輔「緊急避妊薬の問題から考える「変わらない日本」を変える女性たち」（『クイック・ジャパン・ウェブ』2020/08/03）

「緊急避妊薬を薬局で購入できるように　産婦人科医・NPO団体が厚労省に提出」（『ファーマボックス』2020/08/05）

「コロナで予期せぬ妊娠…緊急避妊薬"薬局販売"の壁」（『テレ朝news』2020/08/23）

　実は、この緊急避妊薬入手の障壁問題は、2018年末からも識者・メディアのあいだで何度か話題化していました。

「【久住医師出演】NHKニュース「アフターピル（緊急避妊薬）、譲ります!?」―違法なSNS売買に歯止めをかけるには？」（『ナビタスクリニック』2018/12/07）

「【久住医師コメント】「アフターピルが市販されると女性の性が乱れる」という大嘘」（『現代ビジネス』2018/12/23）

河合薫「女性活躍万年「ビリ」組も当然？「ピル」後進国ニッポン」（『日経ビジネス「河合薫の新・社会の輪　上司と部下の力学」』2019/03/19）

「緊急避妊薬、国内では認可も遅くて入手のハードルが高いのはなぜ？　日本家族計画協会に聞いてみた ――バイアグラはわずか半年で認可。でも低用量ピルは40年…その差は何だったのか。」（『HuffPost Japan』2019/04/02）

円より子「バイアグラは半年で認可、ピルは34年の不条理」バイ

アグラは半年で承認。ピルは44年。緊急避妊薬の承認は話が来てから11年を要した。(朝日新聞『論座』2019/04/21)

　つぎのようなやりとりには、女性のみかたのようにふるまう男性医師の発言に、無自覚な女性蔑視がすけてみえるでしょう。

　遠見：ピルの承認も海外から相当遅れているうえに、日本では避妊の主流は男性用コンドーム。

　コンドームより避妊効果が高く、女性が主体的に避妊できる方法は経口避妊薬か子宮内避妊具／子宮内避妊システムくらいしかありません。

　海外で多くの女性が避妊のために使用しているミニピル、インプラント、パッチ、注射は日本では認可されていません。

　海外ではノルレボ錠は2000年頃から普及したのに、日本では発売がおよそ10年遅れた。ノルレボ錠のジェネリック薬も、8年かかっている。なぜこのような遅れが生じるのでしょうか。

　北村：ぜひ知っておいて欲しいのは、新薬については「申請なきところ承認なし」ということです。医師主導の方法や公知申請といって、既に承認されている薬の適応追加などが行われることがありますが、一般的には製薬企業が開発の意義を感じるかどうかです。バイアグラの場合には、申請から承認まで半年でした。陰では、政治的な判断が働いたといいます。

　遠見：根底には、男女の性に対する社会的な認識の違いがあるのでしょうか。

　北村：当時、ジャパン・タイムズ紙には、ジェンダーバイアスの象徴と書かれていました。44年もかかったピルを「トロッコ」に、

バイアグラを「新幹線」に例えてね。

遠見：医療業界が男性中心社会ということでしょうか。

北村：否定はできないでしょうね。たとえば、日本産科婦人科学会でも居並ぶ代議員は男性ばかり。極わずか女性が含まれるだけ。

　日本家族計画協会の理事会は、男女比半々にしていますが。意図的であっても、そうしないと「女性活躍」なんてチャンスすら作れません。

　医療業界だけでなく、日本全体でそうかもしれない。

遠見：ノルレボ錠以外にも、海外にはエラワンという性交後120時間以内に服用するタイプの緊急避妊薬もある。女性の選択肢を増やすために、日本でも早く導入できないものかと思います。

北村：簡単に言い過ぎですよ。承認されるまでが、本当に大変なんです。まず製薬企業は、これを世に出す意義とそれに伴う収益について考えるのが普通だよね。開発には莫大な経費がかかるわけで、採算を度外視して動き出すわけにはいかない。

　ジェネリック薬も、通常は4年ほどで出ると言われているが、ノルレボ錠はジェネリック薬の登場を遅らせるための工夫をした。最初0.75mgで始まり、その後に1.5mgのものを出した。

　製薬企業としても、開発や治験にかかったお金を回収するために色々やるわけです。[99]

　結局、薬事行政は、患者等社会的弱者本位では全然なく、単純に業界団体の利害できまっているという現実が露呈しています。「製薬企業は、これを世に出す意義とそれに伴う収益について考えるのが普通だよね」というセリフ自体、厚労省自体製薬企業本位で、採算があわないような製薬はしないでよい＝女性の人生を軽視してき

た現実をしかたがないと擁護しているのも同然だという認識が欠落していることのあらわれです。「当時、ジャパン・タイムズ紙には、ジェンダーバイアスの象徴と書かれていました。44年もかかったピルを「トロッコ」に、バイアグラを「新幹線」に例えてね」などという、ふりかえりかた自体まったく「ひとごと」にしかきこえません。自分自身がジェンダーバイアスとは無縁のような姿勢で、自分は女性差別に加担していない先進的な人物だったと錯覚したままなわけです。

そもそも「まだまだ、性生活上「現役」でいたい」といった、中高年男性たちの優先順位のたかくない要望だけで認可が超高速ですみ、その際、心臓発作などの副作用リスクは過小評価されていた[100]。対して、妊娠の不安におびえ、避妊の主導権を無責任なオトコどもににぎられている女性たちの切実な事情に対しては、副作用リスクが必要以上に過大評価され、薬剤師の説明能力を必要以上に過小評価するような、無意味な邪魔がくりかえされたわけです。「オンナに性的自律性など、あたえるもんか」といった、男性医療関係者の反動的で底意地のわるい抵抗が露呈しています。これらすべて、ミソジニー構造以外のなにものでもないでしょう。

78 たとえば「F35 147機 総額6.2兆円 中期防単価公表1機116億円 維持費307億円 さらに上回る可能性 30年運用」(『しんぶん赤旗電子版』2019/01/10)

https://www.jcp.or.jp/akahata/aik18/2019-01-10/2019011001_01_1.html

「F35戦闘機の墜落「欠陥機」の大量導入をやめよ」(「主張」『しんぶん赤旗』2019/04/12)

https://www.jcp.or.jp/akahata/aik19/2019-04-12/2019041201_05_1.html

「F35墜落から2か月 大量購入計画の行方は」(「時論公論」『NHK解説委員室』2019/06/07) http://www.nhk.or.jp/kaisetsu-blog/100/368885.html

　2020年度の日本の一般会計予算100兆円強のうち、「防衛」は、「文教科学」と同様、5兆円強と、配分比では突出してみえませんが、アメリカ政府への忖度（アメリカの軍産複合体の利害にそった大量購入）は、単年度で執行されるものではないにしろ市民感覚を完全にこえた巨額の支出です。「【図解・行政】2020年度の予算案構成（2019年12月）」(『時事通信』, https://www.jiji.com/jc/graphics?p=ve_pol_yosanzaisei20191220j-02-w470)

79 ウィキペディア「思いやり予算＃概要」、同「思いやり予算＃歴史」、同「思いやり予算＃各国の負担比率」などで充分わかるように、世界に類をみない「思いやり」ぶりが突出しています。

80 自衛隊という軍隊組織は、朝鮮戦争であらわになった冷戦構造のもと、米軍の後方支援組織として旧軍関係者を動員して構築された経緯があります。

　ところが、日本国憲法の第9条第2項は「陸海空軍その他の戦力は、これを保持しない。」(land, sea, and air forces, as well as other war potential, will never be maintained.) と明確に国軍組織の存在を否定しています。さらに、第1項の「国権の発動たる戦争と、武力による威嚇又は武力の行使は、国際紛争を解決する手段としては、永久にこれを放棄する」(the Japanese people forever renounce war as a sovereign right of the nation and the threat or use of force as means of settling international disputes.) という規定と、第2項の「国の交戦権は、これを認めない」(The right of belligerency of the state will not be recognized.) という規定とあわせて、憲法学者たちの一部は、自衛隊違憲論をとなえていました。まあ、平和主義を前面にうちだしている日本国憲法の立法趣旨からすれば、当然の解釈です。自衛隊合憲論（「戦力」ではなく「自衛力」という合理化＝正当化）は、ひいきめにみても、アクロバティックなつじつまあわせであり、第三者的にみれば、ヘリクツのたぐいでしかなかったわけです。ウィキペディア「日本国憲法第9条」および、同「日本国憲法＃平和主義（戦争放棄)」ほか参照。

しかし、こういった憲法学者や共産党・旧社会党系の違憲論は、1990年代中盤から国民の支持をうしなっていったとおもわれます。それは、村山富市社会党党首を首相とする連立政権が成立したことで、「1994年7月、第130回国会にて所信表明演説に臨み、「自衛隊合憲、日米安保堅持」と発言し、日本社会党のそれまでの政策を転換した」という（ウィキペディア「村山富市＃自社さ連立政権発足」）、大転換。さらに1995年に阪神淡路大震災が発生し、救援・復興事業に自衛隊の出動がめだったことの、2点で説明できるでしょう。

　ウィキペディア「災害派遣＃災害派遣と文民統制の関係」にもあるとおり、1995年当時には、自治体首長が要請しないかぎり自衛隊幹部による独断での災害派遣は違憲という認識（クーデタなどの懸念）がのこっていたのに、2011年の東日本大震災のころには、自衛隊は「災害派遣」を前提に準備をするし、自治体首長はためらうことなく出動を要請するものだという風潮が定着していました。

　ともあれ、アメリカ政府の唐突な方針転換で憲法9条と決定的な矛盾をきたした自衛隊は、「戦力」にはあたらない「自衛力」だというヘリクツで合理化されつづけてきました。「自衛隊は軍隊」と明言した首相は、小泉純一郎（2003年）の国会答弁がはじめてでした（「小泉首相ら言いたい放題　「自衛隊は軍隊」「憲法改正が望ましい」　集団的自衛権の行使めざす」『しんぶん赤旗』2003/05/28）。半世紀ちかく「軍隊」だと明言できなかった経緯に、タブー視がみてとれます。

81　たとえば尖閣諸島周辺なら、海上自衛隊・航空自衛隊の実働部隊以外は、基本関係ないはず。

82　とはいえ、自衛隊経験者たちの問題提起やコメントを詳細に検討すると、銃剣道などをベースとして基礎訓練として維持されてきた「突撃訓練」などひとつとっても、自衛官各層が異論なく共有する有益な訓練という合意などなさそうなことが浮上します（「自衛隊がいまだに突撃訓練をやめられない「日本人ならでは」の理由」『PRESIDENT ONLINE』2020/09/10）。火器が主要兵器である現代戦において、銃剣道等をベースとした訓練など戦術的にはまったく時代錯誤でしかないという暴露に対して、自衛隊経験者は、そんなことみんな自覚したうえで我慢して上官の自己満足につきあっているだけだ（問題を痛感していたなら、幹部自衛官として現役中に指摘・批判すべきだったのに、退役後に非難するのは卑怯だ etc.）といった多数の酷評があります。現代戦で野戦はマレで、現実的な訓練をするなら市街地戦がメインにならねばならないが、日本列島上では訓練地がみつくろえないだけだ、といった非現実性を前提に、この指摘に賛同しつつ、退役後に出版ネタとして、えらそうにかたるな、という批判です。同時に、新兵にとっての匍匐前進など歩兵戦での基礎的な技能やそなえるべき心理の涵養等で無意味ではないとか、確実に敵

陣地を占領するためには歩兵によるしかなく、いつの時代でも作戦の最終行程では「突撃」はのこりつづけるはず、といった擁護論も多々あるといった始末。さらには、専守防衛だのといったタテマエ以前に、軍隊の本質についてふれた、つぎのようなコメントも。デモ隊に軍をさしむけようとしたトランプ前大統領や独裁国家ならともかく、もしこの次元で議論がなされているなら（「合意」の有無にかかわらず）大問題だし、逆に議論されず、幹部らだけの暗黙の了解＝下士官以下にはあかされない「密教」なら、さらに大問題でしょう。

　　……自衛隊の突撃も、警察の大楯操法も、未だ残っいる（原文ママ）理由は、対市民戦を想定しているからです。

　　残念なことに戦争って外敵ばかりじゃなく、むしろ内乱、一般市民の暴動を想定に入れなければなりません。本来、護るべき対象の国民が敵となる最悪の想定です。しかし、これは特殊なケースではなく、戦争には必ずといって発生する問題なのです。当然、相手は一般市民で、敵か味方がなんて区別がつきません。戦闘も投石であったり、火炎瓶であったり原始的な戦闘が想定されます。

　　それらをふまえた訓練なのです。一般市民の暴動を抑え込むには、一般市民と軍隊と比較した際に、大きなアドバンテージとなるのは、統制された集団行動。

　　それが訓練の目的です。近代戦ばかりが戦闘ではないということです。　　　　　　　　　　　　　　　　　　　　　　　　　　（同上）

83　政府が1995年と2012年に行った調査では、自衛隊の目的や期待される役割として、国の安全や治安維持を上回って災害派遣が最上位に挙げられ、国民の期待が高い。さらに、隊員の意識としても“災害救助にこそ”やりがいや誇りを感じる者が少なくないと報じられている。

　　　　　　　　　　　　　　　　　（ウィキペディア「防災＃専門機関」）

84　ウィキペディア「災害派遣＃概要」

85　「現在の日本においては、通常の救助活動は消防が担当し、海難救助は海上保安庁が、山岳救助は消防と警察が協力して担当している。大規模な災害や事故になるとこれに加えて陸海空自衛隊も投入される」（ウィキペディア「日本の救助隊」）とあるように、自然災害や原発事故などの救助活動は、各自治体の消防がになうのがベースとなっています。しかし、被害地域が行政単位をこえた広域におよんだ時点で、東京都や中核都市がそなえる「特別高度救助隊」等、消防組織が想定する次元をこえてしまうわけで、そこで、実態として自衛隊が「災害派遣」されてきたと。

86　そもそも、「外国の侵略からの国土防衛」が不可避だという想定の現実性・妥当性が本気で検討されるべきです。かりに「仮想敵国」を中ロ朝などと想定してきたにせよ、《敵国のミサイル発射地点を未然に攻撃して封じる》だの、《うたれたミサイルを早期に察知し着弾する充分まえにすべて

迎撃する》といった、世界最強の米軍とて充分できるとはおもえない想定の非現実性こそ直視すべきかと。

87 前掲「F35 墜落から 2 か月 大量購入計画の行方は」(「時論公論」『NHK 解説委員室』2019/06/07) 参照。

88 「F35A 1 機で 4000 人分保育所 「爆買い」やめて待機児解消 安心の子育て・福祉の道を」(『しんぶん赤旗電子版』2019/05/16)
https://www.jcp.or.jp/akahata/aik19/2019-05-16/2019051601_01_1.html

89 ムッライナタン／シャフィール (2015) 参照。

90 ウィキペディア「法科大学院＃入学者数と合格率」

91 もっとも、現実の若年層にとっての韓国文化や、流通・観光業関係者にとっての東アジア旅行客は win-win 関係の典型例であって、反中・嫌韓モードは基本的に中高年男性の不満のはけぐちにしかみえませんが(それを求心力維持のために悪用する日韓両政権の策動も)。

92 本来は、米軍などが自軍(ブルーチーム)の脆弱性を自覚するために、仮想敵として脆弱性を攻撃するホワイトハッカーなどを創設する、情報戦上の自衛力をたかめる、ウォーゲーム的設定をさしていました。たとえば、ウィキペディア「レッドチーム」、Wikipedia "Red team"、内藤順「組織の中に自ら「敵」を組み込み、外部の敵を倒す法『レッドチーム思考』」(『DIAMONDonline』2016/07/08 ほか参照)。

しかし最近では、ネット右翼にとどまらず、冷戦構造の負の遺産を曲解した妄想上の「レッドチーム」論が散見されるようになりました。独裁体制としての旧ソ連を継承したロシア周辺と共産党支配の中国大陸を軸とした旧社会主義圏を「レッドチーム」とし、その封じ込め政策を冷戦後も是とするアメリカ政府ほかを「ブルーチーム」とみなす二項対立を自明の構図とみているようです。興味ぶかい点は、21 世紀も冷戦期の地政学的対立はトレースされていると信じてうたがわず、朝鮮は「レッドチーム」、台湾は「ブルーチーム」に属するとみなす一方、韓国政府や日本の親中派議員は「ブルーチーム」がわとはいいきれないコウモリ的存在なのだという、親米右翼的発想です。この議論をうたがわない勢力は簡単に識別できて、中国と対峙する台湾・アメリカを異様に美化し、韓国の文政権など、中朝との平和的関係の構築に努力するすべての人物・組織を悪魔化する論調で一貫しています。対中強硬路線へと転じたトランプ政権を異様にもちあげたことも、わすれてはなりません。
武藤正敏「文在寅の「暴走」で、いよいよ韓国が「レッドチーム入り」の危険度—2020 年、最悪のシナリオが幕開け…」(講談社『gendai.ismedia』2020/01/07)
武藤正敏「韓国が米国を無視して「レッドチーム」入り間近？ 元駐韓大使が解説」(『DIAMOND online「元駐韓大使・武藤正敏の「韓国ウォッチ」』2020/01/19)

武藤正敏「韓国文政権はコロナ対策でも「レッドチーム寄り」歴然　元駐韓大使が解説」(『DIAMOND online「元駐韓大使・武藤正敏の「韓国ウォッチ」』2020/03/10)

93　時代状況が全然ちがうといわれそうですが、日本の傀儡政権だった満州国の実態をしらべたはずのリットン調査団が、日本政府に非常にあまい判断をくだしたこと、当時の国際連盟加盟国の大多数がその報告書に賛成した（反対したのは日本だけで、棄権・投票不参加が1票ずつだった）という現実は、いかに国際機関が無責任な組織であるかを象徴していると、おもわれます。国際機関の底流では各国政府の利害が対立をくりかえしており、正義や善意は、数や軍事力の大小のまえに非常に無力、常任理事国の拒否権発動をふくめ、陰に陽に偽善・欺瞞がうずまいていると。WHO、ひとつだけとりだして、中国政府の圧力の大小をうんぬんするのは、非現実的すぎます。

　　むしろ、このようにつきはなした冷徹な視線で俯瞰しても、国際機関はないよりはましで、米中ロ3超大国がわがまま放題をつくせない監視体制は最低たもっていると、わりきるべきでしょう。

94　後述する避妊薬やバイアグラの認可過程なども参照のこと。

95　欧米の現政権のおおおくが、「自然との戦争状態＝挙国一致の要請」というスローガンをもちだして、求心力をつよめようとしました。識者が指摘するとおり、ウイルスなど自然が人類と戦闘状態にはいったことなど皆無ですが。

　　ちなみに、第二次世界大戦での日本の戦争責任をABC級戦犯に責任転嫁できないように、厚労省の暴走に異をとなえなかった国会議員を選出しつづけた有権者も、厚労省に責任転嫁はできません。

96　新自由主義がはびこりはじめた時代からの負の遺産の産物ですから、「尻ぬぐい」作業中の20〜30代の官僚たちのあずかりしらない欠陥組織の病理であり、幹部職員以外は、みな被害者でもあるわけですが。

97　https://www.e-healthnet.mhlw.go.jp/information/food/e-01-001.html

98　ちなみに、この薬物指定の恣意性については、警察も同様で、それを無批判に追認してきたのがマスメディアといえます。メディアの一部は、アメリカ諸州や欧州の大麻合法化の動向を、ごくマレに報じますが、厚労省・警察の見解については、まったく異論をとなえない、従順な広報機関です。

99　Shino Tanaka「緊急避妊薬、国内では認可も遅くて入手のハードルが高いのはなぜ？　日本家族計画協会に聞いてみた ──バイアグラはわずか半年で認可。でも低用量ピルは40年…その差は何だったのか。」『ハフィントンポスト』2019/04/02（https://www.huffingtonpost.jp/entry/story_jp_5c950101e4b0a6329e15de1c）

100　もともとシルデナフィル（商標：「バイアグラ」）は、1990年代前半狭心

症の治療薬として研究・開発を開始しながら、勃起促進作用に着目があつまり勃起不全解消薬として98年にアメリカで発売開始。個人輸入代行業者の手によって大量に日本に流入するようになり、その結果、心停止による死亡例が数件発生しました。

　これに対して厚生省（当時）は、異例の対応にふみきります。

　　……医薬品の安全性を図るべく、医師の診断・処方箋が必要となる医療用医薬品（現・処方箋医薬品）として正規販売する運びとなり、厚生省は併用禁忌による副作用死（薬害）抑止の観点もあり、日本国内での臨床試験を実施せず、アメリカ合衆国の承認データを用いるスピード審査を敢行し、1999年（平成11年）1月25日に製造承認、3月23日よりファイザーから医療機関向けに販売された。このスピード審査は、それまで治療上の緊急性が高い「抗HIV薬」などに対して行われていたものだった。

　　一方で、安全性の確認がなされていた低用量経口避妊薬の医薬品認可申請が、10年以上に渡り却下され続け、1999年（平成11年）6月2日にようやく承認された。このため、女性に経口避妊薬を気軽に与えると、複数の男性と性行為をするようになることが予想されるため、経口避妊薬の承認は敢えて遅らせたのではないかとして、各種団体・医療従事者から「この決定が恣意的である」と疑問視する声が挙がった。　　　　　　　　　（ウィキペディア「シルデナフィル」）

ウィキペディアが指摘する「女性に経口避妊薬を気軽に与えると、複数の男性と性行為をするようになることが予想されるため」といった論理もふくめ、認可行政が不透明で非科学であることだけは明白です。いずれにせよ、認可行政の恣意性に、男性優先の論理やミソジニーなどがからんでいる点については、ましこ（2005）参照。

5章
日本にはびこる民間の
ブルシット・ジョブ

これまで、グレーバーがソ連型官僚制を象徴とした公共部門以外に焦点をあててきた基本姿勢がとりこぼす、政府や自治体などの「ブルシット・ジョブ」の諸相を、現代日本に即して解析してきました。しかし、以上の作業は、《現代日本では、やはり公共部門こそブルシット・ジョブの巣窟》といった特異性＝ガラパゴス文化をいいたてるための解析ではありません。実際、現代日本の民間組織は、膨大なブルシット・ジョブをかかえこみ、くりかえしています。

　ここでは、グレーバーの図式にはあてはまらない（「主要五類型」「複雑で多形的なブルシット・ジョブ」「二次的ブルシット・ジョブ」におさまらない）、民間組織でのブルシット・ジョブを提示し、「主要五類型」以外に確実に再生産されている職務をうきぼりにしてみましょう。

5-1.「比喩」ではない「脅し屋（goons）」の常態化

　学校や教育委員会など公教育を管理・運営する公務員には、「比喩」ではない「脅し屋（goons）」がおり、不祥事（イジメ／体罰等）が露見して刑事事件と化すことをくいとめようと、生徒・保護者を実際におどすという実態を指摘しておきました。

　同様な職務は、もちろん民間企業でくりかえされてきました。改革派・内部告発者の抹殺を実践する、「脅し屋」というより「つぶし屋」。その実践過程で、強烈なパワハラなど不当労働行為をくりかえして、自浄作用をけすだけでなく、改革派・内部告発者を「メンヘラー」「過労自殺」「懲戒解雇」等においこみ、最低でも「依願退職」[101]「左遷・降格・閑職（報復人事）」等にもちこむ中間管理職

たちがいます。

　また、「リストラ」という偽装された解雇処分が1990年代以降く
りかえされてきましたが[102]、（一番まともな「早期優遇退職」制度
による退職金わりまし等はともかくとして）乱暴なケースのばあい、
ともかく人員整理の目標人数（人件費カット）ありきで、それを達
成するために完全な不当労働行為の横行がくりかえされました[103]。

　そのプロセスでは、当然「比喩」ではない「脅し屋」「つぶし屋」
が跋扈するでしょう。サディスティックに部下をイジメぬき解雇・
退職においこむ人物は例外的少数のはずですから、大半は「ブル
シット・ジョブ」の典型例といえます。皮肉ないいかたをあえてす
るなら、民間組織の一部は官庁とならんで林立する巨大な社会学的
密室空間（ましこ2007）なのではないかと、うたがわれるのです。

　比喩的ではない「脅し屋」「つぶし屋」だけが問題なのではあり
ません。かれら実働部隊をささえる「後方支援」業務があります。
それは、密告制度やICTを駆使して「脅し」「つぶし」のネタを収
集する「みはりや（偵察・監視担当）」「スパイ（諜報員）」です[104]。
「脅し」「つぶし」を正当化するために、もっともらしい攻撃理由
をさがしだし整理する業務は不可欠なのです[105]。いいかえれば、刑
事・麻薬取締官・税関職員・警備員などがくりかえす公務・準公
務での「監視労働」（ましこ2018a：60-61）は[106]、社会学者デイヴィッ
ド・ライアンらが「監視社会」とよんだ、ICTを駆使した民間企業
ほかもになうリスク回避業務であり、それ自体はいいことのはずで
す（ライアン2002）。問題は、民間企業での労働者監視と憲兵的機能
が悪質なかたちで作動している点です。配達業務やテレワークなど
において作業をなまけている労働者がいないか監視する「勤怠管
理」装置により、労働者の作業ペースや作業濃度を管理するなど

も可能になっているわけで、ICTによるモニタリング能力の急伸は、ジョージ・オーウェルが『1984年』でえがいた「テレスクリーン」の監視カメラ機能を現代化＝強化したような状況をうんでいるのです（社会全体の「監視社会」化）。

　これは、街頭・駐車場・エレベーター内・高速道路などに設置された監視カメラが顔認証・ナンバープレート認証などをそなえることでプライバシーの侵害となっているといった、ライアンらが注目する「監視社会」化問題とは別種の、「監視」空間です。なぜなら、「脅し」「つぶし」作業＝標的化のために「監視労働」は特化しているからです。たとえば「退職強要」に動員される「追い出し部屋」などで、「リストラ教育」「日勤教育」等の標的とされるネタは、労働者の特定と「教育」を正当化する該当行動の「確認」なのです。組織内が「テレスクリーン」式に常時監視・記録されており、アナログ的にもスパイ要員がひそんで随時報告（密告）をおこたらないと。

　これは『1984年』的な恐怖空間をもたらします。社の電話やパソコンをとおした通話・通信が全部監視・解析されていることはもちろん、廊下や給湯室でのたちばなし、オフィスの会話もひそかに録音・録画されているかもしれないからです[107]。旧ソ連・東欧や、現代の中朝など独裁体制で報奨をともなってくりかえされてきた「密告」は家族内でさえ、当局にうりわたすことが推奨されていました。そして、そこで「反政府的」と位置づけられた言動は、客観的には「内部告発」にあたり、倫理的には正義のはずでした。

　企業内でのこういった監視・密告の標的も、客観的・社会的には正義の実践にあたるものが、「内部告発」など社に深刻なダメージをあたえかねないとみなされると、「反社的」「反逆的」と位置づけ

られる。つまり、外部に露見したら刑事事件になりかねない「暗部」を指摘した時点で（リークなどにいたらずとも）「反社／反逆」として特定し、相談・指摘などせず上司に密告する。上司はもちろん、なかのいいはずの同僚や後輩までもが、自分がしらないだけで「密告」する人物かもしれないという恐怖感は、すさまじいものでしょう。

5-2. 不安産業（コンプレックス産業＝劣等感商法と、依存症ビジネス）：組織ではなく、一般的市民に寄生する「脅し屋（goons）」の常態化

　厚労省などが、健康不安産業を事実上あとおしし、健康食品やサプリメントの市場化を容認していること、そこに、もとアスリートや芸能人がCMのイメージキャラクターとして動員されていることなどに責任をおっていないことは、すでに指摘しました。

　もちろん、問題は政府など公的セクターの無責任ぶりでおわるわけではありません。テレビCM／通販番組／雑誌広告／ネット広告等に登場する著名人＝広告塔には、多額の出演料がしはらわれていることでしょう。清潔感を象徴するとイメージされていたタレントが、性的なスキャンダルで、テレビCMほかの契約を全部うちきられるとかも、すべてスポンサー企業がイメージ至上主義から、著名人を厳選してきた証拠です。美白効果などをうたった化粧品のイメージキャラクターが、かなりの照度でライトアップしたのだなとわかる女優さんだったりすると、「そんなに、しろく演出しなくても」と、げんなりさせられたり。

　最近では、化粧品や健康食品等のCMに、著名な中高年層が起用

されることがめだつようになりました。さきに厚労省を批判したくだりでは、加齢を意識した中高年層の不安につけこんだ商法、商品開発が常態化して、医薬品メーカーとは異質な食品メーカー・化学メーカーその他の業界が市場開拓にいろめきたつ……としましたが、就職活動で美容整形外科にかようとか、減量計画をサポートしてもらうためにスポーツジムにかようなど、ターゲットは中高年にかぎりません。韓国のように、お見合いまえに母子そろって美容整形手術をうけるといった方向性は極端にしても、年齢・経済階層それぞれの美容意識や劣等感があるかぎり、老若男女それぞれの、容姿改良市場が開拓できるとみるべきです。実際、「メタボリックシンドローム」という成人病への警告は、減量に消極的だった中年男性を「ダイエット市場」にさそいだす計略だった可能性がたかいわけですし（ましこ2019）。

　ともあれ、がん・心疾患など成人病を「生活習慣病」と称して、一種の自業自得論として、個々人の罪悪感にうったえる手法もふくめて、将来不安や劣等感につけこむすきは無数にあります。その意味で、現代社会は、おおくの市民が「みため」にとらわれるルッキズムのとりこであり、生活習慣等に不安をかかえ、サプリメントや健康食品に依存しやすい傾向がたかまる一方です（ヘルシズム）。

　このようにみてくると、現代は、コンプレックス産業（＝劣等感商法）と依存症ビジネスなどがからまった、広義の「不安産業」（ましこ2005：67）の大流行時代なのだと、わかります。これは、グレーバーが指摘したような大組織ではなく、一般的市民に寄生する「脅し屋（goons）」が常態化したことを意味しています。「あなたは、ぬけげが気になりませんか」「最近口臭がひどくなった気がしませんか」「皮下脂肪がふえた印象がありますが、ちがいますか」など、

個々人がそれぞれ「よわみ」をかかえ、美容外科や美容皮膚科が医師、美容歯科が歯科医によって経営されているように、医学や栄養学、運動生理学などの専門家が、科学的知見にもとづいてアドバイスするという形式がふえていきます。

　そのなかには、前述したように、著名人を動員した、医学的にはエビデンスなどなさそうな健康食品やサプリメントのすすめがまざったり、医療保険へのいざないもあるでしょう。市民の不安が具体的に詳細になればなるほど、市場はなかなか飽和せず、急激に肥大化しないまでも、漸増はしばらくやまないのではないかとおもわれます。

　重要な点は、これらの不安がほぼ全部、主観的かつ相対的な要素をつよくもっていること、神経質な層と無頓着な層を両極として、個人差・集団差がおおきいこと、したがって、当然流行などの影響で劇的に状況が変化しうること、などです。特に、美醜の感覚や、健康かどうかなどは、極度に主観的な現象であり、絶対がありえません。集団催眠などもふくめて、"fad"や詐欺商法なども、なくならないでしょう。厚労省が、エビデンスなどを充分しめさずに業者の商法をあとおししてきたのと並行して、各業者は社会心理学的なメカニズムを最大限に活用（悪用）して、不要不急の「ニーズ」をいかようにも開発できるのではないでしょうか？

　美容整形外科の専門家は、施術の妥当性をふくめて、当人のセルフイメージや目標など、入念なカウンセリングが不可欠だし、ばあいによっては、手術をおもいとどまらせることもあるといいます。一方で、あきらかに美容整形による劇的変化に快感をおぼえ、整形依存症というべき心理にある層が出現しています。そして不必要な手術要求にこたえる医師が実在することは確実です。

そして、そもそも、ヒトの依存症は、アルコールなど薬理作用のある刺激物を摂取することが本質ではありません。ランナーズハイなど、脳内麻薬の分泌が快感体験として記憶され、脳内に報酬系とよばれる条件反射プロセスが形成されることで依存症が発生するのです。だからヒトは、薬理作用をもつ物質と関係ない、買い物依存やギャンブル依存、ゲーム依存にもなります。そして、もと依存症患者だったデイミアン・トンプソンが指摘するとおり、現代資本主義は、その商法＝本質として、消費者を依存症体質においこんで、リピーター化することを前提にしくまれていることが、うきぼりになってきました（トンプソン2014）。ルッキズムやヘルシズムにつけこむ商法が、このメカニズムを悪用しない方が不自然というものです。

　そして、厚労省をはじめとして、公権力はそもそも善意にみちたパターナリズムの府ではなく、むしろ業界団体の利益調整機関なわけです。官庁や議会関係者に、依存症ビジネスをはじめとした社会病理や詐欺商法について、有効な対策をせよとせまっても、功を奏する可能性はひくいでしょう。なにしろ新自由主義の医療版というべき自己責任論（＝自業自得論）で、「生活習慣病」概念をはやらせるような組織体質です。リスク回避のためには、情報リテラシーをたかめる自衛策しかないと、あきらめる必要がありそうです。

　もちろん、英国のように、医学者・栄養学者らが設立した第三者機関が、パン・メーカーに塩分の含有量を長期間かけて漸減させる提案をし、消費動向をおとさず消費者の平均食塩摂取量をへらすことに成功。心疾患や脳血管疾患による死亡率をさげさせたケースもあるようなので、善意のNGOには、期待がかけられるかもしれませんが。

5-3. 移民労働者のうけざらの諸相（「尻ぬぐい」「書類穴埋め人」としての学校・職場関係者・リクルーター）

　日本列島は、新大陸など移民国家はもちろん、広大な植民地を支配した欧州各国とちがい、民族性という点で同質性・連続性がたかく、多様性にかける社会とみられてきました。しかし、すくなくとも20世紀初頭以降は、中国大陸からの留学生・亡命者、朝鮮半島や琉球列島など植民地からの労働移民をすくなからずうけいれた多民族空間＝帝国でした。それは、日中戦争・太平洋戦争での大敗によって海外版図をすべてうしない、「単一民族国家に回帰した」と信じられていた共同幻想の支配下でも同様でした。定住化した在日コリアンは「帰国」せず、琉球列島出身者のおおくは集住し、アイヌ民族も一見同化吸収されたようにみえただけといった実態が戦後日本の現実としてありました。

　また1947年の台湾での「二・二八事件」の亡命者[108]、1948年の済州島での白色テロをのがれた亡命者、1950年からの朝鮮戦争による動乱からのがれた層、さらには1970年代のインドシナ難民の存在、ハワイ・中南米への移民と還流など、無視できる質・量とは到底いえない流動性がみてとれます[109]。「ハーフ」問題など占領軍がらみのルーツの多様性や、欧米からの宣教運動のにないてたち、在日米軍関係者の存在など、「敗戦で海外版図をすべてうしない単一民族国家に回帰した」というのは、完全な神話でした。

　いずれにせよ、戦前と戦後のもっともおおきな断絶は、帝国憲法と、自由・平等・平和を希求する新憲法とですが、労働移民の流入と受容も、おおきく変質しました。それは、近年いわれるような、「戦前は単一民族だったのに、戦後は外国人労働者がめだつ」

といった事実誤認は論外として、「戦前は可視性がひくかった労働移民と、1990年代以降グローバル化を象徴するような浮上のしかたをみせた労働移民」という現実です。

　実際には、朝鮮系日本人の集住地は低湿地だったりして、あきらかに劣悪な居住環境にあったため、「朝鮮部落」と俗称されるなど、可視性がなかったわけではありません[110]。しかし、自助努力はもちろん、高度経済成長期の資本蓄積、市街地のジェントリフィケーション[111]などもあいまって、在日コリアンは、琉球列島出身者などと並行して周囲の多数派日本人社会に同化し、不可視化していきました。それに対して、1990年代に浮上した日系ブラジル人の存在や、日本語学校等をうけざらとした中国人就学生の急増は、在日コリアンなどオールドカマーと異質な、可視的な労働移民でした。

　2000年代になると、中国人の中産階級化が進行し、就学生身分による偽装デカセギは消失、欧米に準じた留学先にえらばれるようになったり、「西川口チャイナタウン」や、川口市の「芝園団地」などIT企業の中国人エンジニア家族が集住する地域まで登場しました。同時に、コンビニや外食産業の労働力不足をうめるようになったのは、ベトナムやネパールなど、アジア各地からの留学生・研修生たちでした。かれらの一部があきらかに劣悪なブラック企業に搾取されているケース、専門学校や大学が留学を偽装するための形式的うけざらと化している悪質業者のケースなど、労働移民のヤミとしかいいようのない事例が報告されるようになりました。在日コリアン等とことなって、容貌が多数派日本人と歴然とちがうなど、可視化するケースが急増したのです。

　IT企業の中国系・インド系エンジニアなどは搾取の対象ではありませんが、接客や加工・調理の末端をになう労働者たちは、ビザ

など在留資格の不安定さにつけこまれ、過酷な労働環境をしいられます。派遣労働者など非正規職員が搾取されるのと同様、社会的弱者が、あしもとをみられて最低の労働条件にさらされるわけです。これら、労働搾取の現場はもちろん、ブローカーなどリクルートにかかわる層が、グレーバーのいう「尻ぬぐい」「書類穴埋め人」にあたることは、明白です。

搾取業者は、到底ビジネスモデルとして成立しない低賃金前提のリクルートに依存しており、企業家・経営者として本来失格です。しかし、在留資格上不安をかかえる外国人労働者だからこそ、たかをくくって労働法違反をくりかえす（最低賃金水準さえまもらないなど）。つまり、日本の自滅的な「価格破壊」商法という、本来あってはならない雇用状況の「尻ぬぐい」が常態化している。同時に、そういった準奴隷労働に人材を供給する装置として、現地のブローカーと連携して、「留学生」身分など在留資格をでっちあげる悪質な学校法人は、せっせと「書類穴埋め人」稼業にいそしむと。日本の法務省や厚労省は、これらの実態（在留資格の悪用による人権侵害）を充分把握しながら黙認し、「労働力不足」への対応、「景気の安全弁」などに貢献しているつもりでしょう（「ブルシット・ジョブ」上の共犯関係）。

きまじめに日本語指導や日本文化の紹介に尽力している教員各層の営為にまぎれて暗躍する層による「ブルシット・ジョブ」の横行。それは、「あこがれのアニメの聖地」などの日本イメージと対極にある「鬼ヶ島」状況です。新来外国人にとって「天国と地獄」の両面をもつ日本は、難民認定をほとんどみとめない冷酷な入国管理体制とあいまって、複雑な心情をかきたてているはずです。「日本は観光で聖地巡礼などをたのしむ地。決して、はたらくために来日し

てはならない」というのが、知日派外国人のホンネだったりすると。

5-4.「ブルシット生成装置（タスクマスター、taskmasters）」と対となる、「コストカッター」を常態化させた価格破壊と新自由主義

グレーバーは、「タスクマスター（taskmasters）」を「ブルシット生成装置」として、五類型のなかでは、独自の位置においています。実際、ほかの類型の「マスター（生成装置）」となる職務なのですから、特殊な性格をおびています。しかし、「ブルシット・ジョブ」の肥大化傾向に焦点をあてたがゆえに、「タスクマスター（taskmasters）」と対になる職務を軽視してしまっているとおもいます。それは、リアルジョブ（real jobs）において徹底的な省人化などコストカットが追求される構造を軽視し、生産部門や実質的サービス部門が「シット・ジョブ」化するプロセスをないがしろにしてしまっている点です。

> ここ40年ほどのあいだに資本主義に起きたことの寓話を聞きたいのであれば、わたしの知るおそらく最良の事例は、フランスのマルセイユ近郊にあるエレファント・ティーの工場である。そこは目下、従業員たちによって占拠されている。……もともとそこは、地元の会社のものだったのだが、合併と企業買収の席巻した時代に、紅茶産業の世界最大手であるリプトンのオーナー、ユニリーバによって買い上げられた。当初、会社は、工場の組織を実質的に放置していた。ところが、労働者たちは機械をあれこれいじくりまわす習慣があった。その結果、あれこれと改良がもたらされ、

1990年代までに50%以上、生産性を上昇させたのである。それによって、収益もいちじるしく増大した。　　（グレーバー2020：235）

　ところが、「エレファント・ティー」の所有者となったユニリーバは生産性を飛躍的に向上させ収益を増大させた工場労働者になにもむくいなかっただけでなく、ういた資金で労働者を追加したり機械をかりいれたりもしなかった。そのかわりに、当初、社長と人事、2名しかいなかったホワイトカラーが10人ちかくに急増しうろつきはじめたのです。
　グレーバーらの調査に対応した工場内のガイド（工場の「占拠者」のひとり）によれば、

　　会社はそいつらにあれこれと適当な肩書を与えましたが、基本は、全員がなにをやるべきかを考えるために時間をつぶしていたのです。連中は、連日、わたしたちが働いているあいだ。現場の通路を行ったり来たりしながら、わたしたちをにらみつけてノートにメモをとっていました。それから会議をし、議論をし、報告書を書いていました。しかし、それでもなお、かれらは自分たちの本当の存在理由をなにひとつ見つけ出せていなかったとおもいます。ところが、ついに、ひとりが解決策をおもいついたのです。「工場全体を閉鎖して、労働者を解雇し、会社をポーランドに移すのはどうでしょう？」。
　　　　　　　　　　　　　　　　　　　　　　　　　　（同上：236）

とのことです。
　急遽投入されてきたホワイトカラーたちの無為無策ぶり、無能ぶりにはあきれます。生産性向上・収益増大という「目標」を達成

したあと、一層の収益増大をはかるのか、それとも事業展開が可能なあらたな挑戦にうってでるかなどについて、かんがえる能力をもたないホワイトカラーに「ブルシット・ジョブ」をあてがうことで（最低でも、かれらの人件費分）収益をへらし、有能な工場労働者たちのチアリーダーにさえなれず、邪魔をするばかりで、工場閉鎖と会社の遠方への移転というナンセンスな結論しかおもいつかないかれら。「ブルシット・ジョブ」の有害無益さ、そして「タスクマスター（taskmasters）」の突出した有害性を象徴する事例と、グレーバーがむねをはるのは、よくわかります。

　しかし、この象徴的事例は《70年代までは慣例として維持されてきた再分配という暗黙の了解＝生産性増大→労働者への利益の一部還元が80年代からなくなった。生産部門の労働者への再分配ではなく、生産性向上に関与しないホワイトカラーの肥大化へと吸収されていった》（グレーバー2020：236-238）という、グレーバーの巨視的ないかりでは、すまないものをかかえています。いえ、もっとこまかくいうなら、グレーバーの「物財を実際に製造し、運搬し、保全するよりも、その物財の領有や分配を基盤におき、それゆえに、システムの上部と下部のあいだに諸リソースをまわす作業に人口のかなりの部分が従事する政治－経済システムにおいては、その人口は、複数の層（少なくとも3つ、ときには10や12やそれ以上の）が複雑に位階化されたヒエラルキーへと組織される傾向がある」（同上：238）という微視的モデルは、パーキンソンの法則を民間組織に緻密化して適用するとき重要です。ミルトン・フリードマンらのモデルでは説明不能な、非資本主義的な肥大化なのですから。

　しかし同時に、この生産性向上分のゆくえの理不尽さ＝不可解な肥大化を解明し、大衆が無抵抗であることをときあかすことで、エ

ネルギーをつかいきってしまっていいのか？　筆者はそうはおもえないのです。なぜなら、パーキンソンの法則にそってホワイトカラー部門が肥大化できたリソースはどこかといえば、それは、「ブルシット・ジョブ」でしかないホワイトカラー部門の合理化のはずがないからです。リソースはまさに、「物財を実際に製造し、運搬し、保全する」現業部門のはず。まちがいなく、「システムの上部と下部のあいだに諸リソースをまわす作業に人口のかなりの部分が従事する政治−経済システム」の支配的地位が、「物財を実際に製造し、運搬し、保全する」現業部門の収奪によってたっているのです。

　そうである以上、「システムの上部と下部のあいだに諸リソースをまわす作業に人口のかなりの部分が従事する政治−経済システム」の肥大化過程とは、決して、「タスクマスター（taskmasters）」たちが悪魔的に狡猾で、事実を粉飾する能力にたけていたから展開したわけではなかろうとおもいます。

　1980年代に新自由主義にもとづく政治経済界の変質が進行した時代背景には、現業部門における驚異的な合理化達成があったのではないか。つまり、工場であればオートメーションによる極端な省人化・無人化がすすみ、「物財を実際に製造し、運搬し、保全する」過程に、人件費が固定費としてみこまれなくなった。この過程で、流通業界がスーパーマーケットなどマクドナルド化をすすめた。みちたりた感＝消費上の満腹感をもちはじめた大衆に、「価格破壊」というゆさぶりをかけないとうれない。おそらくモデルチェンジなど陳腐化による流行の意図的生起や、社会心理学も動員したマーケティングが要求したのが、生産・運搬・保全コストをかぎりなく圧縮せよという圧力だったのではないかと。すでに、注17で、ジョルジュ・バタイユの「蕩尽」概念にふれましたが、「タスクマ

スター」たちが民間企業で増長できたのは、大量生産・大量消費・大量廃棄があたりまえになった社会がもたらした「蕩尽」構造ゆえだったと、おもわれます。

　ふりかえるなら、石炭を動力源にすることで急展開した第一次産業革命期は生産過剰をもたらし、インドなどアジアを中心に大衆市場の獲得のための植民地化が進行しました。戦後のオートメーション化もおなじように、生産過剰傾向をもたらしたとおもいます。19世紀や20世紀前半とことなり、経済先進地域では大衆がフォーディズムなど巨大市場を形成していましたが、薄利多売系の商法は早晩「価格破壊」へとむかうほかなかったのです[112]。オートメーションという、物財生産としては最高水準の複製技術は、「金型」とか工業用ロボット、薬剤などの開発コストは相当ですが、一旦設計がかたまってしまえば、市場が「あきた」とほしがらなくなるまで際限なく再生産できます。つまり、消費市場がくりかえす「蕩尽」現象こそ、オートメーション工場などのベースなのです。

　究極まで合理化された生産システムがもたらした利潤のうち、投資家に還元された以外の資金は、さらなる合理化＝生産性向上のための設備投資へとすなおに展開するのか。おそらくそうではなかったと。恒常的にうりあげがみこめるロングセラー商品をいくつもかかえる上場企業などは、今回のコロナ騒動のような異例の事態がおそってこないかぎり、経営基盤は盤石なはず。そういった何十年もの経済変動に対応できていた優良企業が追求するのは、あくなき技術革新という方向性というよりは、ロングセラー商品を軸に一層安定的に商品がはけていく、ブランディング戦略でしょう。

　巨大なガラスばりの超高層ビルを自社専用で都心の一等地にたててみたいとか、文化事業など企業の社会貢献をアピールしたいとか、

そんなブランディング戦略は広告代理店に洗練されたテレビCMを作成してもらうとか、壮麗な社長室など役員待遇を豪華にしたいとか、指導層の欲望をかきたててきたにちがいありません。

　つまり、このような風潮が支配的であるかぎり、物財を直接あつかう現場はどんどん不可視化し、サプライチェーンやアウトソーシングといった領域をふくめ、「シット・ジョブ」化にちかいあつかいに変質していく。「エレファント・ティー」の所有会社が、超優良工場を閉鎖して労働者を解雇し、ポーランドに移転させる計画立案するにいたる（どんなビジネスをする事業所をなんのために遠地にあらためてたてるつもりなのか、まったく不明ですが）。こういった愚行しかやれない無能なホワイトカラーを大量にかかえこんでいるのが、リプトンだったり、その親会社のユニリーバだったりするわけで、これはもはや製造業ではなく、製造業に寄生し搾取する、透明化した暴力団というほかないでしょう。リアル・ジョブのにないてたちが、かれらの視野からはすっかりきえている。このようにしていかにロボット化がすすもうと、現場や周辺でメンテナンスやケアなどにたずさわる技術者・労働者がいるのだという想像力がはたらかない愚者＝寄生者たちの楽園が出現したのでした。

　もうひとつ、新自由主義の悪影響を指摘しておく必要があります。「コストカッター」たちの標的は、「物財を実際に製造し、運搬し、保全する」過程だけではない点です。端的にいって「成果主義」といったキャッチフレーズによる人件費圧縮運動の標的は、「物財」周辺ではなく、ホワイトカラー層の「成果」問題でした。たとえば、つぎの文章は、過去の経緯もふくめて、なにが画策されてきたかがよくわかります。

河合薫の「社会を蝕む“ジジイの壁”」：

コロナ後の働き方？「ジョブ型雇用」に潜む“コスト削減”の思惑

　「ジョブ型に変わる」「ジョブ型の人事制度」「新卒もジョブ型」など、ここにきて毎日のように「ジョブ型雇用」という文字がメディアに踊るようになりました。

　コロナ禍で在宅勤務が広がり、時間にとらわれない働き方へのニーズが一段と強まっていることが理由とされています。おそらく今後は「働き方改革」（まだ、やっていたのかという感じですが……）という名の下、「ジョブ型雇用」を適用する法律が整備されることになるでしょう。

　しかし、結論から言うと、この議論は新しいようで新しくない。ただ単に、企業が雇用義務を放棄できる方向に向かっているにすぎません。

　そこで今回は「ジョブ型の未来」について、あれこれ考えます。

「高プロ」の導入企業が少ない理由

　高度プロフェッショナル制度、いわゆる「高プロ」という言葉を覚えてますか？　今から2年前、これまた新聞紙面に毎日のようにレギュラー出演していた“新しい雇用形態”です。

　高プロは「労働時間規制から除外し、働いた時間ではなく成果で評価」する制度です。

　議論の俎上に上がった当時、裁量労働制で働いている人の過労死が問題になっていました。IT企業で裁量労働制のもと働いていた男性会社員（当時28歳）が、くも膜下出血で過労死。亡くなる直前の2カ月間の残業時間は月平均87時間45分で、徹夜を含む連続36時間の勤務もあったとされています（みなし労働時間は1日8

時間)。また、裁量労働制を適用するテレビ局の制作部門で、ドラマを担当していた男性プロデューサー（当時54歳）は心不全で過労死。亡くなる直近3カ月の残業時間は、月70～130時間でした。

そういったリアルが問題になっているにもかかわらず、政府は「問題ない」という認識を一向に変えず、安倍首相に至っては「労働者のニーズに答えるために、待ったなしの課題」と豪語し、法案は成立したのです。

ところが、ふたを開けてみると「高プロ」が適用されたのは、法施行から1カ月でたったの1人。あれだけすったもんだの末に導入されたのに、全国でたった1人にしか適用されませんでした。

理由は実にシンプル。高プロを導入すると、企業は高プロを適用した社員の「過労防止策の実施状況」を報告する義務があったため、企業側が制度を適用したがらなかった。つまり、「労働時間をきちんと管理する」という雇用者に求められている義務を果たすことを企業が嫌ったのです（現在、制度の利用者は414人にまで増えた）。

そもそも「年収1075万円以上」という、労働人口（管理職含む）の0.01％の労働者しか対象にならないこの制度を導入したのは、蟻の一穴にしたかったから。高プロと同時期に導入が検討されていた「企画業務型裁量労働制の適用拡大」、別名「定額働かせ放題法」は、大バッシングを受け見送られました。

どちらも法律が定める労働時間規制から完全に逸脱する制度ですが、最大の違いは年収の制限の有無です。おそらく"お偉い方たち"は、「取りあえず時間規制を外す制度をつくっちゃって、あとはどんどん拡大していきゃいいじゃん！」と考えた。……と、私は思っています。

米国が求めてきた「労働時間規制からの離脱」

なんせ「労働時間規制」からの離脱は、長年の夢でした。

高プロ発案のきっかけとなった「ホワイトカラー・エグゼンプション」は、第一次安倍政権下で導入が検討。このときも「過労死促進法」と批判され、法制化は見送られました。

しかし、時の総理大臣は「残業代が出ないのだから従業員は帰宅する時間が早くなり、家族団らんが増え、少子化問題も解決する」とのんきなことを言い、時の厚生労働大臣も「家庭団らん法」と呼び変えるように指示。

また、某氏に至っては「だいたい経営者は、過労死するまで働けなんて言いませんからね。過労死を含めて、これは自己管理だと私は思います。ボクシングの選手と一緒です。自分でつらいなら、休みたいと自己主張すればいいのに、そんなことは言えない、とヘンな自己規制をしてしまって、周囲に促されないと休みも取れない」と言い放つなど、全く議論はかみ合いませんでした。

第二次安倍内閣においても、一部の企業に特例的に認める方向で検討しましたが、これもうまくいきませんでした。〔以下略〕

（『ITmedia』2020/06/26）

日本のサービス残業をふくめた長時間労働は"karoshi"といった国際的表現と化し、労働者がおかれている異様な実態を象徴するものとして有名になりました（不名誉なことです）。逆にいえば、欧米社会では、"karoshi"にあたるような事例が頻発しているわけではない。戦後の日本企業が理念としてきた年功序列型雇用とことなる、欧米の「ジョブ型雇用」は、経営者のような「裁量労働制」ではなく、しっかりはどめがあるのに、日本で経営者たちが画策し

たのは「定額はたらかせ放題」システムでした。つまり、2000年代からさかんに導入がこころみられた「成果主義」の暗部とは、欧米の「ジョブ型雇用」を悪用して、労働者保護だけは巧妙にはずしたい、という経営がわの悪魔のささやき＝ホワイトカラーに対する搾取システムだったし、いまも基本的にかわっていないことがわかります。

　グレーバーのモデルからすれば、「定額はたらかせ放題」システムがはびこるところでは「ブルシット・ジョブ」はいきのこる余地がありません。なにしろ、高給とりである、ホワイトカラー上層を標的に「例外」あつかいし、経営者なみの「裁量労働制」を導入するというのが「ホワイトカラー・エグゼンプション」だったのですから。それとも、日本は、欧米社会同様、ホワイトカラー層に「ブルシット・ジョブ」が流入し肥大化しつつあったから、「ジョブ型雇用」でムダをけずろうという方針転換がおきたのでしょうか？

　筆者は、ちがうとおもいます。欧米も日本も、工場のロボット化などで「物財」周辺のコストカットは限界に達してしまった。結局コストカッターたちがつぎの標的にすえたのは、ホワイトカラー層でした（フレイザー2003）。しかし、グレーバーがうきぼりにしたとおり、ホワイトカラー層のなかに侵入した「タスクマスター(taskmasters)」たちは、コストカッターたちの監視のめをくぐりぬけて、「取り巻き」「脅し屋」「尻ぬぐい」「書類穴埋め人」などの「ブルシット・ジョブ」を続々と肥大化させてきたのです。「ジョブ型雇用」が基本の欧米社会のばあい、「ブルシット・ジョブ」を追加する作業では、「書類穴埋め人」や「脅し屋」などの暗躍が実に巧妙なのでしょう（そうでないと、グレーバーが立証した肥大化が説明できない）。コストカッターたちの監視とは、イタチごっこ状

況＝せめぎあいを呈するはずで、はげしい攻防がくりかえされていると推測できます。

　一方日本のばあい、エンジニアなど「ジョブ型雇用」領域にある労働者に対しては、理不尽な人件費カットをつきつけるケースと、穏当な労務管理を維持する会社に大別され、よくもわるくも「ブルシット・ジョブ」領域は肥大化しないのではないかとおもいます（「尻ぬぐい」層に矛盾がシワよせされていそうですが）。それに対して、「ジョブ型雇用」領域にない労働者に対しては「タスクマスター（taskmasters)」たちが暗躍し、企業業績があがっているところほどコストカッターたちの監視が無効化しているのではと。いいかえれば、「物財」関連の職務では、ロボット化はもちろん下請け企業イジメなど、コストカッターたちの無慈悲な圧力が恒常化し、「シット・ジョブ」が肥大化する一方、本社の中枢部にちかづくほど「ブルシット・ジョブ」も肥大化するなど、労働評価の理不尽が進行するばかりなのではないでしょうか[113]。前述した「リストラ」という人員整理の恣意性もふくめてです。

注

101 「依願退職」は、自己都合なので、企業がわにおちどがなかったかのように演出できますし、「てぎれ金」としての退職金を手にすることで、訴訟にうったえる権利をうばうことができます。

102 ……1990年代にバブル景気が崩壊し、事業の再編成が必要になると、終身雇用制度を放棄して、必要なスキルを持つ人材を必要な期間だけ雇用(派遣労働)する『米国流人事管理手法(人員の最適配置、リストラクチャリング)』を導入する日本企業が続出、「リストラ」は整理解雇を暗示する言葉としてとらえられ始めた。……本来、リストラは企業が事業規模(収入)にあわせて組織を再編成(出費の抑制)する意味である。

(ウィキペディア「リストラ」)

103 ウィキペディア「退職強要」、同「追い出し部屋」、同「リストラ教育」、同「日勤教育」参照。

104 盗聴・盗撮・メールの窃視・GPS等による監視も辞さない。

105 これら、執拗で残酷な相互監視社会を構築した典型例として、戦後の東ドイツの「シュタージ(Stasi, 国家保安省)」と、その走狗となった民間人IM(Inoffizieller Mitarbeiter、非公式協力者)があげられるでしょう。

正規職員とIMの総数は、最盛期には約190万人いたとされ、総人口の1割以上が秘密警察の構成員とその関係者という、ゲシュタポやKGBの規模をもしのぐほどの極端な警察国家となっていた。

(ウィキペディア「国家保安省」)

106 監視労働の一部は、権力が例外あつかいとして超法規的位置づけをしているだけで、露見したばあいには端的に違法調査等、権力犯罪としかいいようのない業務があります。たとえば公安警察の活動の一部は不当であるときびしく指弾されてきましたし(ウィキペディア「公安警察＃批判」、同「公安警察＃参考文献」)、帝国陸軍の系譜をうけた防諜組織として、陸上自衛隊の秘密情報部隊「別班」とよばれる秘密組織さえあります(石井2018)。重要な点は、かれらが国家存立のために、不可避な情報戦をたたかっているだけだと自己正当化しながらも、実際には、あきらかな暴走がかかえこまれていること。そこでは、人権侵害等違法行為を必要悪視しているとか、政府の防衛のためには国内の不穏分子を徹底的にみはらねばならないとの意識にとらわれるあまり、独裁体制をささえたり、トランプ前大統領のような権力の私物化にも加担しかねないリスクを組織体質としてかかえているとおもわれます。最近の例でいえば、「米連邦高裁、スノーデン容疑者が暴露した大量監視に違法判決」(ロイター通信2020/09/03)といった報道が一端をしめしています。「スノーデン容疑者」などと、犯人あつかいしているアメリカ政府の組織が、国民にかくれて違法なことをくりかえしていた。そして、それが違法な「ブルシット・ジョブ」だからこそ、「スノーデン容疑者」という標的をでっちあげ(冤

罪）、責任転嫁のうえ、社会的に抹殺しようとしたのではないかという疑惑です。

107 化粧室や更衣室を録画・録音する犯罪組織はないとおもいますが、そういったプライバシー空間以外では、自分たちの言動が録画・録音されていると、警戒しておくべきです。

108 王育徳（1924−1985）、邱永漢（1924−2012）など。

109 マイナーなあつかいのままで現在にいたりますが、捕鯨船乗組員の末裔（まつえい）が定住したことで、先住民化した小笠原諸島の欧米系の子孫など、意外な多様性を帝国日本はかかえこみました（石原 2007, 2013）。

110 たとえば、記述者・編集者たちの無自覚な蔑視がかぎとれる、つぎのような記載を参照のこと。

> 1910 年の朝鮮併合以降、大量の朝鮮人が日本へ渡航して各地に集住地域が形成されたが、関東では震災の影響で形成が遅かった。東京近辺ではバラックなどに住む日本人貧民と混在して三河島・千住・鶴見潮田・横浜宮川町などに形成されたが、東京オリンピック開催が決まり（その後の戦争開始により中止）、外国人にみっともない姿を見られるのは具合が悪いというので、一ヵ所にまとめて住ませることになり、隣接地域の塩崎町とともに、まだ当時不衛生なごみの埋立地だった当地へ移住させ、治安上の理由から皇民化や創氏改名が行われたという。戦後は当用として都立第二朝鮮人小学校（現在の東京朝鮮第二初級学校）やキリスト教会も建てられた。
>
> （ウィキペディア「枝川（江東区）# 朝鮮部落の形成」）

　ちなみに、タコ部屋に軟禁されていた朝鮮系日本人の勤労動員など、徴用工問題は、別途あります（従軍慰安婦など以外の徴用は、基本的に独身男性たちだったので、解放後は基本的に帰郷）。

111 **ジェントリフィケーション**（Gentrification）

　都市において、比較的低所得者層の居住地域が再開発や文化的活動などによって活性化し、結果、地価が高騰すること。地域の経済活動の転換や停滞した地区の改善運動を契機として、それまで疲弊していた都心近接低開発・低所得地域（インナーシティ）に上流サラリーマンや若手芸術家など、都市の活性化を引き起こすキーパーソン（＝ジェントリファイヤー）が移り住むことで、自然治癒的に地域環境が向上する。……ジェントリフィケーションは肯定的に評価されることがある一方で、高級化に伴う地価の上昇が廉価な住宅の消滅や継続的な所有が困難となった不動産の管理放棄などを引き起こし、もとの住人が転出を余儀なくされるという問題も顕在化している。インナーシティにおける居住者層の入れ替えは、貧困問題の本質的な解決には至らない。低所得者層が玉突き式に居住地域を移動しているにすぎないからだ。

　　　　　　　　　　　（artscape「ジェントリフィケーション」）

112 フォーディズムを礼賛し家電の大量消費市場をゆめみた松下幸之助が「水道哲学」をとなえたのは、実に象徴的でした。蛇口をひらけば上水道が利用できる。水道料金は安価である。同様に、スイッチをひねれば白熱電球が夜の家庭内を煌々とてらしだしてくれる。松下幸之助にとり、「水道」に準じた家電製品の低価格化は、資本家が収奪者ではなく、労働者－消費者と win-win 関係でむすばれるステークホルダーとなること、資本主義全体のフォーディズム化だったとおもわれます。しかし、それが家電量販店やネット販売などの時代（究極の価格破壊空間）となれば、物財生産の現場に人件費をさくゆとりはきえていくしかありません。松下が存命中訴訟にまでまきこまれた量販店との価格決定権の闘争は、21世紀社会のさきどりをしていたし、それこそ、エレクトロニクスが「湯水」のように大量生産・大量消費・大量廃棄される異様な空間の予兆だったわけです。

113 筆者のしる一例では、うでのよい職人をかかえる金属加工工場（大企業のしたうけ・まごうけ）の賃金は、最初時給 1250 円です。工場は、うえからの注文をうけた分（数量）だけ収入とし、労働者は完成品を納品するにいたった時間数×時給で「月給」とうけとる（日給×出社日数で計算する「日給月給」制でさえない、「時給月給」制）。技量をあげた職人は時給も上昇し、納期までにしあげれる製品のかずもふえることで、中長期的には当然てどりもふえていくわけですが、たとえばコロナ禍などで受注量がへれば、一挙に減収になるしかありません。一方、かれらに発注している大企業のホワイトカラーが、ブルシット・ジョブしかこなしていなくても年収 1000 万円超などという待遇が用意されていたりする理不尽は、ひどいものがあります。

　同業他社にまけないために「価格破壊」の必要があると判断されても、コストカッターは、したうけに圧力はかけても、ちまなこになってブルシット・ジョブの所在をさがすことはしないでしょう。うでのよい職人を最低賃金と大差ないような水準でこきつかえるのは、企業体質の強弱、業界内での序列の格差が歴然としているからで、コストカッターが有能であるからではないし、ブルシット・ジョブの社会的意義が職人よりもうえであるわけではない点は、再度確認しておく必要があります。

6章

グレーバー流「ブルシット・ジョブ」
モデルが構造的にみおとす領域

6-1. 優等生グレーバーならではの知的死角

　すでに指摘しましたが、グレーバーは「性労働の大半はブルシット・ジョブとみなせる」（グレーバー2020：44）という経験者の見解をおおむね追認するなど、かなり規範主義的な倫理意識をかかえているとにらんでいます。しかも、その優等生的な判断基準は、かなり単純化した二項対立イメージにとらわれていて、せっかくかれがアナーキスト人類学の実践者として自任するセルフイメージとは、衝突するのではと懸念さえ生じます。

　たとえば、グレーバーによる「殺し屋」論は、存外複雑で、かれがこまかな諸相にめくばりしているのだと理解できます。しかし、つぎのような解釈は、自身がくみたてた精緻なモデルにがんじがらめになって、《労働と対価の関係は想像以上に複雑だ》という普遍的原理からはずれてしまっているとおもわれます。

　　　マフィアの殺し屋は……取り繕おうとはしない。……自分たちの仕事がなんらかのかたちで社会に益をもたらしているなどと、マフィアがうそぶくようなことなどとてもありそうにないのである。ウチの組は他人様（ひとさま）の欲しがっているもの（ドラッグや売春など）を提供して役に立っているだろうなどと口にすることさえ考えにくい。
　　　〔中略〕
　　　マフィアの殺し屋をブルシット・ジョブだとみなしえない決定的な理由がひとつある。つまり、殺し屋がそもそも「仕事（ジョブ）」であるかどうか、必ずしもはっきりしないということだ。現

実には、殺し屋は地元の犯罪の顔役によって、なんらかの能力を買われるなどして雇われているものである。そのばあい、おそらく顔役は、殺し屋の隠れ蓑として警備仕事をでっちあげていたりするであろう。とすれば、わたしたちははっきりと、その〔警備〕仕事にかんしてはブルシット・ジョブだということができる。だが、かれは殺し屋としての働きから給料を受け取っているわけではないのである。　　　　　　　　　　　　　　（グレーバー2020：25-27）

　グレーバーは、M.ヴェーバーのいうような「理念型」のレベルで本質を整理・抽出したというより、現にある「職務」の共通点を整理し分類（「類型化」）したのだとおもいます。

　たとえば筆者は、「殺し屋」という分類を「ブルシット・ジョブ」から除外するという結論にだけは賛同するものの、理由は全然ちがった論理からです。グレーバーは「社会に益をもたらしている」などと偽装／自己正当化などをはからないし、殺害行為をレギュラーな「仕事（ジョブ）」であると位置づけられて給料をうけとっているわけではないからだとします。しかし、犯罪組織（イリーガルでアンダーグラウンドな会社組織）に就職している構成員は、暗殺者「レオン」[114]のように、殺人に特化した採用などされているはずがありません[115]。マフィアという組織の実態として、社会的弱者からの搾取、恐喝や誘拐、詐欺など、自分たちのテリトリーで安定的に展開できる「しのぎ」や、ハイリスクではあるが暴利が期待できる「ヤマ」など一切合切あわせた「ビジネス」こそ本領のはず。要は、犯罪の総合商社こそマフィアであると。グレーバーは「ブルシット・ジョブ」という領域を厳密に定義したいがために、自身の「仕事（ジョブ）」観にがんじがらめなようです。

……なんらかの利益やサービスの供与の体裁をとる（プリテンディング）ことによって、なんとかほかの人間から金を得ようとする自営の人びとは多数にのぼる（こういう人たちは、ふつう、ペテン師、詐欺師、山師、いかさま師と呼ばれる）。同様に、危害をくわえるか、そうすると脅すことによって金を稼ぐ者たちがいる（ふつう、ひったくり、空き巣、ゆすり、泥棒といわれる）。……これらは正確にいえば「仕事（ジョブ）」ではない。……詐欺（con job）とは、ひとつの行為であって、専門的職業を指すのではない。……プロの空き巣について語られることはままあるが、これはたんに空き巣の主要な収入源が盗みにあるといっているにすぎない。だれかの家に空き巣が侵入することに対して、正規の賃金や俸給を支払っている人間などだれもいない。　　（グレーバー2020：27）

　正直、こういった杓子定規な「仕事（ジョブ）」観にしがみついて、犯罪稼業でいきぬく層を定義から排除しようと屁理屈をこねるグレーバーには、正直失望させられました。

　筆者は先年、労働／遊戯／余暇の本質を抽出する作業をおこないましたが、その労働類型のうち、理念型として「犯罪労働」という概念を提起しています（ましこ2018a：33-36）。そこでは、具体的例示をふくめ「犯罪」を生業とする層が普遍的に存在することを重視し、その存在を「仕事（ジョブ）」ではないなどと、一時的な逸脱行為へと矮小化するようなことはしませんでした。ある層ないし犯罪者集団にとって、（僥倖（ぎょうこう）から不正な利益をえたといったことではなく）恒常的に犯行がくりかえされ、事実上の生業と化すことで、犯罪のプロとして手法が洗練化しリスクが急減していくなども、当然想定内のモデルです。そこでは、違法とされている「売春」などはもち

188

ろん、ナチスの組織犯罪や、戦前戦後の日本の官憲による人権蹂躙
や証拠隠滅などもとりあげた次第です。

　慧眼な読者はもうおわかりのとおり、官憲の一部が「仕事（ジョ
ブ）」として犯罪労働を淡々とこなしてきたように、「ブルシット・
ジョブ」とは単なる不誠実や倫理性でかたれるような概念におさま
らない、おそるべき領域だということです。社会主義者等に拷問を
くりかえし死においやった特高（特別高等警察）や、「光州事件」
（韓国1980年）ほかさまざまな学生運動の活動家に残忍な拷問をく
りかえした韓国の刑事たちは、「ブルシット・ジョブ」のうしろぐ
らさをまぎれさせるために特別手当がはらわれていたでしょうか？

　「ブルシット・ジョブ」モデルからすれば、これら官憲による組
織犯罪は、企業組織に準じて、「部分的なブルシット・ジョブ、お
およそのブルシット・ジョブ、純粋かつ完全なブルシット・ジョ
ブ」として解析対象になるのでしょう（グレーバー2020：44-47）。し
かし、世間にとって有害無益、利益をえるのは政治経済権力だけ、
というグロテスクな現実を直視するとき、「ブルシット・ジョブ」
モデルは経済先進地域の「優良企業」周辺にしか、スポットをあて
ていなのでないかと、心配にさえなってきます。

　そもそも「自営業者」「アルバイト」として搾取されていないセッ
クスワーカー、「援助交際」「パパ活」をふくめた愛人などに、「雇用
者」はいません。雇用者が「ブルシット・ジョブ」をがまんさせる
ために高額報酬による長期契約でひきとめているわけでもありませ
ん。しかし、経済的困窮など苦境にある、わかい男女は、年長の
経済的強者に接近するかたちで、その「エロティック・キャピタ
ル」[116]を短期間ではあれ、恒常的に利用します。これらは、あきら
かに「ブルシット・ジョブ」と通底する生業でしょう。大学教授職

についてからえた報酬よりも、学生時代にストリップでかせいだ額の方がおおいとなげくのは正当な感覚としても、「性労働の大半はブルシット・ジョブとみなせる」（同上：44）という当事者の断定をほぼ追認するグレーバーのたち位置は、矛盾をきたします。劇場が、半年・1年と中長期にわたってストリッパーと契約をむすんだりするでしょうか？　学生バイトだとわかっている劇場支配人等が、そんな面倒な契約をむすぶとは到底おもえません。

　つまり、グレーバー自身がどんなに「雇用」関係にこだわろうが、「ブルシット・ジョブ」の相当部分は、常勤ポスト＋高給といったセットからはみだしたかたちで職務化してきたし、グレーバーらがいうように、世間全体にとって有害無益かどうかなどは、そう簡単に判断もつかないと。

　すくなくとも、搾取・人身売買等がともなわない売買春にかぎっていえば、政府や公論レベルで「違法」といおうが、「被害者なき犯罪」であることはまちがいなく、当事者にわりきりがあれば（後年、後悔などが浮上するリスクはおくとして）、自由主義空間における「愚行権」の典型的領域です[117]。

　「性労働の大半はブルシット・ジョブとみなせる」といった個人的見解も、いまだ支配的なミソジニーにみちた現代社会の男女格差をとりあえずおくなら、経済的苦境から性風俗等でアルバイトをくりかえす女性らをおとしめる、本質主義的な断定です。「援助交際」によるであいで、アイデンティティの混乱状態を脱し、精神的安定をえて大学進学にいたったケースなどが、一部ききとり調査からしられることなども、「買春」全体が、エロティック・キャピタルを搾取するセクハラ行為なのだときめつける判断の硬直性をしめしているでしょう。

6-2. マクロモデルならではの知的死角

　グレーバーの人類学的調査は、多数の経験者に対するインタビューの産物であり、基本期には、ミクロな現実のつみあげからうまれています。しかし、こと『ブルシット・ジョブ』という大部の作品をみるかぎり、ともかくマクロモデルを提示して、衝撃の問題提起をはたしてしまおう、という野心がすけてみえます。

　ところで、前項でのべたように、グレーバーの「ブルシット・ジョブ」モデルが前提とする「仕事（ジョブ）」観や、分析対象の主たる標的が経済先進地域の「優良企業」であるなど、「ブルシット・ジョブ」概念が本来もっていたゆたかな理論的可能性をとざしている印象がぬぐえません。

　これは、「感情労働（Emotional labor）」という概念を一躍有名にした、アーリー・ラッセル・ホックシールドらの議論（ホックシールド2000）のときにもおぼえた既視感です。

　ホックシールドも、雇用されることで必死に我慢する労働者像が中心で、「ふばらい労働（unpaid work）」については、関心をもたなかったのです。しかし、家庭や近隣で無数の対価なき感情労働が常時こなされているように、「感情労働」概念を、企業批判や女性差別批判にだけあてはめるのは、残念すぎます。家事・育児などに忙殺される主婦層の実体験こそ、「感情労働」概念をゆたかにいかせる領域だし、ふばらい労働とされてしまう理不尽さを解析できるというものでしょう[118]。

　「ブルシット・ジョブ」概念も、「優良企業」集団を批判したいという問題提起意識がはやったのか、概念による解析の射程がムダにせばまり、公式の「雇用」関係からはずれた広大な労働現場が、

すっぽりぬけおちている印象がぬぐえません。あわせて「シット・ジョブ」の不当な過小評価がもたらされるメカニズム分析にも悪影響をあたえている気がします[119]。

注

114 リュック・ベッソン監督作品（1994年）の主人公（キャスト：ジャン・レノ）。

115 犯罪組織が「やとう」暗殺者は「常勤職員」ではなく、たとえば、借金でくびがまわらない人物（たとえば、もと特殊部隊隊員など）を「外注」で一時的にリクルートするのが常道なのでは？

　そもそも、狙撃手や工作員、特集部隊隊員など、官憲に正式な職員として採用された人材は、「殺人マシン」として養成され、それを職務にしているわけではありません。しかし、「有事の際には、やむをえん。ためらわずに殺害しろ」と明確に指導・指令をうけているはずです。原爆投下をふくめた無差別攻撃の実行者は、まさに「ためらわずに殺害しろ」を実行させられた組織の末端ですし、法務大臣の署名をもって開始される死刑執行の担当者＝刑務官たちも同様です。すくなくとも独裁国家のばあいは、死刑囚の一部は政治犯であり、後年名誉回復などがなされるような正義の人士だったりするわけですが、グレーバーは、これら「執行者」も全員「ブルシット・ジョブ」に分類し、マフィアの構成員は「仕事（ジョブ）」ではない、といいはるのでしょうか？

　ちなみに、劇中の「レオン」は、少女（マチルダ）に生業はなにかたずねられ、"Cleaner"（清掃作業員）とこたえています。ティーンエイジャーでさえない彼女をこわがらせないためのカムフラージュであり、隠喩でごまかそうとしたのでしょう。グレーバーなら「ブルシット・ジョブ」の本質をみてとったかもしれません。雇い主（トニー）のイタリアレストラン経営者という外見がかくしていたのは、マフィアのボスという本性。レオンは、敵対する麻薬密売組織の壊滅をねらった幹部殺害の実行者だったわけで、とても「社会にひそむ暗黒街の清掃人」とはいえません。レオンが唯一「清掃」できたのは、トニーに指示をだして敵対組織をつぶしにかかっていた黒幕＝麻薬取締局の刑事（スタン）もろとも自爆し、マチルダにかわってかたきをとったときかもしれません。

116 社会学者のキャサリン・ハキムは、わかい男女を中心に、その性的魅力（＝資本）を売春をふくめて相当活用することでいきぬいている実態をあばきました（ハキム2012）。

117 すでに「被害者なき犯罪」のとりしまりで指摘したように、公権力による個人の愚行権の抑圧・規制は「ブルシット・ジョブ」としかいいようがありません。

118 主婦をはじめとする女性たちのこなすケア労働と感情労働＝ふばらい労働周辺のネジレた構造については、ましこ（2014）など。

119 グレーバーは、西欧社会がひきずる労働観＝嫌悪意識のネジレとみています。しかし、労働を忌避する感覚がつねに支配的とはいえない日本列島（ムリがない労働条件なら70代でもしごとをつづけたいetc.）などをみるかぎり、グレーバーの歴史的解析は普遍性をもちえないのでは。

7章

グレーバーが問題視する「シット・ジョブ」に対する「やっかみ」意識と異質な「やっかみ」意識

: 日本的「よこならび意識」がもたらす、
あしのひっぱりあい

7-1. コロナ禍が浮上させた「ブルシット・ジョブ」層と「エッセンシャルワーカー」とは別の問題としての公務員依存症

　ところで、妹尾昌俊「学校で掃除の時間は本当に必要？【後編】コロナで見つめなおす、学校の「当たり前」」（『YAHOO! NEWS』2020年8月10日）という、おもしろい記事に気づきました。要は、生徒がおこなってきた学校の清掃活動が、新型コロナのリスクもあり、そのままつづけるのはまずかろうという教育委員会の判断にそって、教員が代行している現実を追認していいのか、という問題提起【前編・後編】という問題提起です。

　少々ながいのですが、重要な指摘なのではりつけます。

　　　……仮に教育的な意義があるとしても、それが、毎日のように、児童生徒や教職員がやる理由としては、不十分だと思います。仮に道徳的な意義が大きいなら、道徳の時間の一部で掃除体験をやればいいのであって、毎日、15分×5日などと、週に1時間以上も費やす意味は薄いと思います。あるいは家庭科で、調理実習と同じように「掃除実習」をやったり、防災教育の一環として、電気がストップしたときにも（掃除機やルンバが使えないときにも）、掃除スキルを多少高めておくことはいいことかもしれません。

　　　さらに申し上げるなら、自分の心と向き合うことや利他的な精神を育てることがねらいなら、たとえば、マインドフルネスや瞑想の時間を設けたり、地域に出かけていってボランティアなどを行ってもいいかもしれませんし、そうした活動のほうがひょっとすると、効果は高い可能性もあります。ただし、公立学校の場合、

宗教教育とならないようにしないといけません。つまり、わたしは、清掃指導を全否定する意図はありませんが、掃除だけが方法ではない、という疑問を申し上げたいのです。

　学校は、修行寺ではありません。伝統、あるいは慣習、ルーティーンだからといって、ほぼ毎日、掃除の時間を設定する必要はあるのでしょうか？

〔中略〕

■教職員の時間としてもバカにならない

　以上、子どもへの意義に注目してお話ししましたが、教職員の負担の側面でも、見逃すことはできません。先ほども述べたとおり、掃除の時間に週に1時間以上かけている学校は多くあります。掃除に意義があるとしても、この時間を先生たちは、授業準備などに使ったほうがよいという考え方もできると思います。多くの人が過労死ラインを超えるほど、過重労働なのですから。

　しかも、前編の冒頭で紹介したように、コロナ後は、児童生徒は清掃活動はしないで、教職員だけでがんばっている例もあります。広い校舎のところもありますから、先生たちだけでは、かなり大変です。わたしが6月にアンケート調査をしたところ、公立小中学校の教員の約9割は清掃作業に従事しており、多くは1日30分未満ですが、小中の1〜2割は1日30分以上かかっています〔……〕。仮に1日30分以上かかっているとなると、週2時間半以上かかっている計算になります。

〔中略〕

■文科省のマニュアルでは・・・

先日、改訂した文科省の衛生管理マニュアル（学校等向けのマニュアル）では、こうした先生たちの負担を鑑みてでしょうか、次の記述となっています。

通常の清掃活動の一環として、新型コロナウイルス対策に効果がある家庭用洗剤等を用いて、発達段階に応じて児童生徒が行っても差し支えないと考えます。また、スクール・サポート・スタッフや地域学校協働本部による支援等、地域の協力を得て実施することも考えられます。

上記に加えて清掃活動とは別に、消毒作業を別途行うことは、感染者が発生した場合でなければ基本的には不要ですが、実施する場合には、極力、教員ではなく、外部人材の活用や業務委託を行うことによって、各学校における教員の負担軽減を図ることが重要です。

出典:文科省「学校における新型コロナウイルス感染に関する衛生管理マニュアル」(8/6)

おそらく、感染症等の専門家の知見を聞いたうえで、清掃活動を児童生徒や外部の人がやっても、新型コロナの感染リスクは高くはない、ということなのでしょう。

とはいえ、児童生徒が清掃をやる必要性が本当にあるのかについては、本稿で述べてきたとおりです。清掃指導の性格について、文科省は非常に曖昧なまま扱っていると思います。

■掃除はボランティア？

前編とこの記事で述べてきたとおり、学校での清掃については、

さまざまな考え方がありえます。

(1) 作業、労働と捉える

(2) マナーである

(3) 教育活動である

とまで解説してきましたが、以前、東京都立大学の木村草太教授と対談していて、もうひとつの考え方を教わりました。

妹尾：

もし、子供たちから「何のために毎日掃除をやっているんですか」と聞かれたら、先生方はちゃんと答えられるでしょうか。「これはみんなのためです」とか「きれいにするのは当たり前でしょう」とか、「利他心や道徳心を養うためです」というふうに、「何となく」で答えることが多いでしょうね。

木村：

子供から「何のために掃除をやるのか」と聞かれたら、むしろちゃんと謝ったほうがいいと思いますけれどね。「日本は公共サービスへの投資が少ないので、皆さんにやっていただかないと学校がきれいに保てません。申し訳ありませんが手伝ってください」と頭を下げて、教育でなく「ボランティアでやっている」という体にしたほうがいいかもしれない。

また、掃除の予算をつけるのは、学校の先生の仕事ではありません。子供たちに頭を下げるのは、市長や市議会議員の仕事でしょう。

出所）教育新聞2019年8月2日

つまり、(4) ボランティア活動であるという考え方もできるかもしれません。ただし、こう捉えるなら、すべての児童生徒に半

ば強制的に掃除をさせるのは、問題ということにもなりますし、先生方の「なんでお前、サボってるんだ」という指導はダメです。

　統計調査はなく、わたしがヒアリングした限りでの情報ですが、おそらく多くの県庁や市役所などでは、一般の職員は掃除をしていません。よほど財政難などの事情がある自治体は除きますが。読者のみなさん、よかったら、お近くの役所で聞いてみてください。

　もちろん、来訪した市民も掃除しません。公立図書館で、利用者は掃除をしませんよね（消しカスなどゴミを取り除くというくらいはするでしょうが）。通常、清掃専門の職員がいたり、外部委託先があったりするものです。

　公共施設のなか、職員や利用者が掃除をしているのは、学校くらいではないでしょうか？

　次のデータは、文科省の「令和元年度　教育委員会における学校の働き方改革のための取組状況調査結果」です。掃除の外部委託等を実施している市区町村は1割に過ぎません。しかも、この調査では、おそらく、たとえばプール掃除の外部委託だけで、日常は教職員と児童生徒の場合などでも、外部委託を活用にチェックしている可能性もあります。

〔図表：割愛〕

　ややうがった見方かもしれませんが、教育委員会は、教育的な意義で煙にまいて、実質的には追加的な予算をかけることなく、教職員と児童生徒に掃除をさせてきたのです。

　わたしはコロナ前から、教育委員会に対して、こう申し上げてきました。

　「なんで学校だけ職員と子どもに掃除させるんですか？　外注予算を取ってきてください。財務課から『そんな予算はない』と言

われたら、こう言い返してください。『あなたは役所の掃除をしていないでしょう。』」

一例として、報道によると、名古屋市では、教職員だけで清掃をやるようにという方針でしたが、教職員の負担増などを懸念する声が多く寄せられ、外部委託を検討するようになりました（朝日新聞2020年5月29日など）。

文科省も第二次補正予算で学校への支援員、サポートスタッフらの予算を拡充していますので、教職員以外の人に掃除を依頼できる地域、学校も徐々に増えてきているかもしれません。ですが、これはコロナ対応の一環ですから、来年度以降続く保障はありません。

わたしは、今年度も来年度以降も、教育委員会に外部委託等の予算を確保してほしいと思っています。

繰り返しますが、ときには学校のなかで掃除の体験をしたり、掃除を通じて自分の心と向き合ったりする時間があってもいいでしょう。ですが、それを教育課程、授業の一環としてやるのか、あるいは有志によるボランティアとするのかなどは検討する余地がありますし、毎日繰り返す必要性は薄いと思います。

掃除ひとつとっても、コロナ前の学校の「当たり前」、あるいは学校にはあまり予算をかけないでいた教育行政の「当たり前」を見つめなおすことが必要です。

以上、ながなが転載させてもらいましたが、批判・提案特に異論はありません。正直、教育（実は、あしきガラパゴス文化にねざした修養主義をおしつけるなど、軍隊・収容所・合宿所などのホモソーシャルな空間のコピー）[120]によって小学校時代から洗脳された

結果にみえてきます。自分たちが生徒にやらせていることの異常さに鈍感だった教員の惰性（感覚マヒ）、自分たちが決してオフィスを完全清掃などしてこなかったという二重の基準という、行政の「わきのあまさ」にも本当におどろかされます。つまりは、予算不足ぐらいしか「合理的」根拠をひねりだせない財務省→文科省→教育委員会の指示に唯々諾々<ruby>唯々諾々<rt>いいだくだく</rt></ruby>としたがって、生徒に「ただばたらき」を強要し、よりにもよって「教育活動」だ（自分たちは、指導としている）といいつのってきたのです。あきれた「聖職」論者たちです（公務労働者ないし管理職である自分たちという自覚が欠落）。かれらの鈍感ぶりを端的にしめした文書をはりつけてみましょう。

> 毎日の学校（学級）生活を営む上で、給食と清掃は欠かすことのできない教育活動です。給食も清掃も、児童生徒が自らの学校生活を快適で充実したものにするために、主に担任教師の指導の下、学級を単位として活動を行うものです。また、人として日常の家庭生活を営む上でも、「食事」と「清掃」は最も大切な行為・行動と言えます。学校で、この2つの行動を身に付けるための指導は、人格形成の点からも大変重要な意味をもつことになります。……
> 「給食と清掃の指導〜学校生活の中で恒常的に行う教育活動〜」（埼玉県教育局東部教育事務所）

　正直、ぬけぬけとよくもこういった偽善的な作文をおこない、新人教員を洗脳してはずかしくないのかとおもいます。文書作成者・管理職には、「ブルシット・ジョブ」であるといったうしろめたさなど、つゆほどもないのではないでしょうか。

　それはともかく、てあらい・うがいなどの、しろうと然とした生

活指導を何十年も継承してきただろう（それは、内務省系の旧厚生省ではなく、旧文部省からの指導の産物でしょうが）小学校等は、コロナ禍でパニックをひきおこしました。それは、公衆衛生上のプロであるはずの厚労省の直接の管轄下にない公教育という、単なる「タテわり構造」（官僚制の脆弱性）ゆえの無策・機能不全ではないでしょう。単純に、インフルエンザ等の感染症以外の対策を真剣に担当しなければならない状況が学校には発生してこなかったという経緯にあるとおもいます[121]。インフルエンザの大流行が小中学校で発生したとき、通常の措置は、学級閉鎖がまずとられ、そのあとはせいぜい学年閉鎖です。2009年の新型インフルエンザ流行の際に一部「一斉休校」がとられた程度ですんできたのです。しかし、その際でさえ、教員がウイルスを完全除去すべく、飲食店関係者ばりの総動員で感染症対策をやらされたケースはないのではないでしょうか？[122]

　当然です。「定額はたらかせ放題」などと猛攻撃をうけるにいたった教員の既存の労働条件（サービス残業を自明視した「ブラック企業」型の現場）にくわえて、ウイルス除去のために作業を休校期間や下校後にくりかえせという方針は、労災が多発してもしかたがない、という発想がないかぎり、ありえない措置だからです。しかし、現実に、このありえない措置が全国であたりまえのように実施され、保護者たちも、「そんなこと絶対やめてくれ」とは当局を批判しない異様さ。教育貧困国ニッポンとはそういった実態が放置された「無法地帯」です。

　このような「地獄」とでもいいたくなるような惨状は、決して公立の小中高校だけで発生しているわけではありません。あきらかに「エッセンシャルワーカー」である集団に、理不尽な「対価」を支

給するだけで「財政難だから」ですませる神経は、公教育だけでな
く、保育・福祉、そしてコロナ禍でのような有事の際の医療現場で
多発する現状＝構造（シット・ジョブ）があるからです。

　元凶はなにか。思潮上は新自由主義で、おそらく総本山は財務省
と財界あたりでしょうか。かれらは、財政難のみならず、人口減と
いう人口動態も最大限に悪用して、徹底的に「ムダ」をつぶせと現
場に圧力をくわえつづけてきました。保健所や学校の統廃合しかり、
予算・人員圧縮しかり、すべては、有事の際にそなえる、という軍
隊なら絶対死守する（そして、自衛隊もふくめて世界中の国軍が維
持しているだろう）「備蓄」「人員上のユトリ」など、経済学者ムッ
ライナタンらが提起した“Slack”の抹殺工作を、新自由主義の信
者たちはくりかえしてきたのでした[123]（「内部保留」は“Slack”と
してしっかり貯蓄）。“Slack”を意識的に制度化しておきさえすれ
ば、資源のボトルネックなど問題の大半が解消し、社会的弱者が苦
境におちいる確率が激減することが経験的に確認できること、その
メカニズムは既存の経済学モデルで充分解明できることがあきらか
になったのに、新自由主義という極端な政治経済学神話にみいられ
た集団が各国政府内に急増し、パンデミック化したコロナ禍という
有事がおおう現在でさえも、既存の信念が通用すると暴走をやめな
いのです。

　たとえば、「新型コロナ　小中教員3100人増員　少人数制対応
政府方針」（『毎日新聞』2020年5月27日）といった、まさに「焼け石
に水」でしかない、苦笑をさそうケチくさい方針などは象徴的です。
そもそもOECD各国なみに小中高校のクラス定員を20名以下にす
るといった、コロナ対策以前の措置さえ黙殺してきた財務省。その
圧力に唯々諾々と屈して、全国に、たった数千人の教員をバラまけ

ば事態が改善するといった発想自体、「机上の空論」といった論難
ではおさまらない愚行なのですが、当然両省にはそんな自覚があり
ません。

> 新型コロナウイルスの影響による休校の長期化を受け、政府は、
> 感染リスクの高い地域の小中学校を対象に3100人の教員を加配す
> る方針を固めた。最終学年の小学6年と中学3年を優先的に登校さ
> せつつ感染リスクを回避するには少人数授業が必要になるため加
> 配分を充てる。退職教員などの活用を想定している。27日に閣議
> 決定される見通しの今年度の2次補正予算案に関連経費を計上する。
> 　文部科学省は22日に全国の教育委員会などに示したマニュアル
> で、感染リスクが高い地域の学校では、子ども同士の間隔をでき
> れば2メートル確保するよう求めた。一方、今年度中に必要な学習
> 内容を終えることが難しい場合、翌年度に繰り越すことも特例的
> に認めたが、卒業を控える小6と中3は難しい。……　　　（同上）

　旧長岡藩の小林虎三郎（1828-1877）が支藩からの支援米百俵を
藩士に分配せず、「百俵の米も、食えばたちまちなくなるが、教育
にあてれば明日の一万、百万俵となる」と称して学校設立費用にあ
てたという美談は、後日山本有三（1887-1974）の戯曲『米百俵』
として有名になりました（ウィキペディア「米百俵」）。この逸話は
「小泉内閣発足直後の国会の所信表明演説で引用されて有名になり、
2001年の流行語大賞にも選ばれた」ほどです（同上）。しかし、こ
の小泉純一郎もと首相こそ、国民をだまして郵政民営化を達成する
など新自由主義を再加速させた「真犯人」なわけで、一貫して文教
予算を相対的に漸減させていく象徴的人物だったことをわすれては

なりません。未来の「百万俵」として我慢するどころか、わかい世代への健全な投資を本気ですすめる気がない「保守政治」が、新自由主義の外貌をとっていまだ暴走中なのは、コロナ禍によって、再度確認できたとおもいます[124]。

　では、こうした将来的な有事にそなえる"Slack"の蓄積をゆるさない新自由主義と、それに賛同する選挙民という構図とは、どのように形成されてきたのでしょうか？　ここでは、厳密な立証が困難なので、管見から感じとれたイメージをラフスケッチすることにとどめます。

　それは、端的にいえば、公立校教員をふくめた公務員に対する「やっかみ」意識かとおもわれます。レッドオーシャン内部で激闘をいきぬく民間企業関係者・自営業者からすれば、公務員・教員のおもてむきの職務（表層部分）は、「ブルーオーシャン」そのものです。「国土」とか「都道府県」などテリトリーを侵犯する外来者はおらず、予算は商品売買から捻出したものではなく、「税収」という超安定的な額で、景気変動の影響も民間企業とは比較にならない。このような「超ラクチン」な「御身分」には、それこそ、日常業務の大半が「ブルシット・ジョブ」の嫌疑をかけられがち。非正規労働者はもちろん、地方の中小企業の労働者の収入と比較したとき、国家公務員はもちろん、地方公務員がめぐまれた労働条件にうつることは、当然だとおもいます。たとえば、コロナ禍を理由に問答無用の解雇がおきかねない民間企業のようなことはなく、身分も安定しているし……。

　ただ、これもコロナ禍で露呈したように、厚労省の本省はもちろん、統括される保健所や医療現場が、心身の限界ちかくで奮闘してきたことも事実。これら現場の窮状は、すでにのべた"Slack"が

構造的にけずられてきたツケです。区役所の職員が、各種補助金・助成金のうけつけや文書処理に消耗しきっていたことは、みなさんも報道でごぞんじのはず。これらを工場オフィスにおける省人化などと同列に「ムダの一掃」をすすめてしまえば、有事の際に機能するはずの"Slack"が不在になってしまい、並行する、ないし直結する処理のあちこちにボトルネックが発生して、「大渋滞」が発生してしまうのです。

そもそも「定額はたらかせ放題」と揶揄される公立校の教員にいたっては、サービス残業代や今回の清掃作業の分担などを正当に評価したら（非常勤講師もふくめて）、倍以上の給与をしはらう義務をおっているのではないかとおもいます。なにせコロナ禍以前から「過労死水準」が半数前後といった、異様な労働条件だったのですから。教員の相当数が心身をこわして休職ないし退職においこまれ、その予備軍が何倍も潜在するといわれてきた現場なのに、世間への学校の依存度と「かぜあたり」はひどいものでした。つまり、超格安で利用できる巨大託児施設を自治体にまるなげし、運動会や卒業式を感動イベントにしたてあげるよう、あるいは無料のスポーツ参加に教員を「定額働かせ放題」でこきつかいながら、尊敬の念などもちあわせない（私立中学に合格させてくれた塾講師には感謝するのに）。これは、公立学校の教職が完全な「シット・ジョブ」であることをしめしています。もはや、教員は社会貢献したいという熱情をもった人材をかきあつめては「やりがい搾取」で消耗させ、確実にツブしながら運営される空間と化しました。

さらにいえば、「2002年に学校週5日制の完全実施が実現したタイミングで、「教員の休み過ぎ」が指摘されることを回避するために、夏休みのまとめ取り方式が廃止され」[125]という事態の発生自

体、異様だったとおもわずにはいられません。「夏休みのまとめ取り」＝「教員の休み過ぎ」という解釈は、「児童の長期休暇にあいのりするかたちで「夏休み」なんてふざけたなまけかたしやがって」という、やっかみがあったとしかおもえません。当直勤務や教育委員会など当局から課された研修会であるとか、部活動[126]での指導・引率で出校・出張することはあるでしょう。

　しかし、本来、夏季休暇は、あつすぎるなど生徒指導に不適当な時節として位置づけられてきたわけですし、教員についていえば、リフレッシュや充電にあてるべき時間帯＝"Slack"でした。「夏休みのまとめ取り」＝「教員の休み過ぎ」という解釈は、《アスリートなどと同様、指導者として再生し向上するために、まとまった休息は不可欠》という大原則[127]をしらない、狂気の沙汰だったのです。生徒が登校できない時期にウイルス対策として動員され、ドアノブや机上を必死にぬぐいさる作業に終始するというのは、一見して「狂気の沙汰」ですが、そもそも「「夏休み」なんてふざけたなまけかたしやがって」という、やっかみ自体、コロナ禍以前に支配的だったことの異様さをかみしめるべきです。

　ともあれ、公務員などにかぎらず、同様な「スラック」空間へのバッシング意識は、新自由主義などにあおられて悪化する一方に感じます。日本列島全体が、経済成長をおえたあと構造不況から脱出できないまま精神的ゆとりをうしなってからは、「ずるくたちまわる連中が気になって、気が気じゃない」「あしをひっぱって、ひきずりおろしてやりたい」といった、やっかみ根性が、どんどん支配的になってきているのではと。

　一旦「やっかみ根性」が大衆に共有されてしまうと実に厄介です。ありとあらゆる努力が「ブルシット・ジョブ」としてうけとられ、

自己満足的な「やっているつもり」か、問題の所在を全部責任転嫁した「やっているふり」にみえかねないからです。

　ちなみに、新自由主義を前面にうちだすことで株価の高値安定に必死だったアベノミクス関係者[128]が、すくなくとも新型コロナウイルス対策にかぎれば、自己満足的な「やっているつもり」か、「やっているふり」しかしていない政権とみなされたのは皮肉です。

　新型コロナウイルスの遺伝子パターンの解析からは、日本列島での流行は、中国大陸経由ではないことが判明しました。当然、中国から要人を国賓待遇でまねくといったながれに、みずをささないという政府方針にそう春節期の中国人観光客の来日は、2020年3月・4月の大流行と無縁だったことがわかります。つまり、3月〜4月の「第一波」と、東京オリンピック延長開催決定まで日本は安全だとイメージづけたいという小池都知事らJOC幹部らのもくろみと無関係のはずはないでしょう。

　しかし、すくなくとも、最初の大流行を中国人観光客の入国拒否を即座に判断しなかった媚中（びちゅー）政権のせい、といったネット右翼（旧安倍シンパ）の逆上は、事実に反したバッシングです。かれらは、自論たる中国共産党悪玉論＋二階幹事長ら媚中派議員の暗躍、という図式に全部還元することは断念すべきでした。まして《武漢周辺のウイルスがイタリア等媚中派欧州地域に流入して惨劇が発生した》といった論理＝伝染ルートも、疫学的に確認できていない以上（中国共産党による生物兵器論が浮上しましたが）WHOと結託してパンデミック化することを放置した大悪人であるといった、トランプ前大統領の持論に全面的に賛同するのは、乱暴すぎます。

　コンピューターゲーム上のラスボスが冷酷非情なマッドサイエンティストで、人口10億超の国民を「実験台」かつ「戦略上の犠牲」

として、100年まえのパンデミック（スペイン・インフル）以上の「戦果」をあげようと画策したといった、荒唐無稽なSF展開を夢想したとします。自国は1.4億人いきのこるけど、世界人口は7億まで激減する。超大国アメリカも3000万人まで激減し、EUも5000万弱までへる。ほか各国の国勢などおしてしるべし……。こういった「ナウシカ」的設定をねらって「生物兵器」で世界征服をねらったのならまだしも、感染者の相当数が無症状で、おおくは軽症者ばかり、「スペイン・インフル」のような猛威をふるったのは、欧米と中南米ぐらいで、インドはともかく、アジアでの感染者爆発は人口比での死者数については深刻とはいえないパンデミックです。これがかりに「実験失敗」だったとしても、国際社会のなかで戦略核などにかわる決定的新型兵器として考案されたのなら、まぬけすぎるでしょう。

　生物兵器対策の研究所や感染症対策施設からウイルスが漏出したという見解は否定しきれないにしろ、マッドサイエンティストのたぐいが、「実験」ないし「世界戦略」で世界を混乱におとしいれた、といったたぐいの陰謀論にハマってしまった層。かれらは、世界史における国際社会の相互依存関係について無知すぎるからこそ妄想にとどまり、エコーチェンバーのなかで病理を悪化させるのだとおもいます。しかし、こうした「武漢ウイルス」論などの被害妄想はみな「中華帝国の野望」といった恐怖感の産物です（脱亜入欧的黄禍論）。軍事力や経済力で圧倒されるのが、現在の宗主国アメリカならまだしも、よりによって十数年まえまで技術供与・資金提供などをほどこしていた、といった優越感をたたきつぶされたオジサンたちのくやしさも、想像がつきますが。

　安倍政権のタカ派的姿勢に喝采をおくってきた層が、コロナ騒動

で一転して「媚中派安倍政権」といった位置づけにくらがえしたのも、「超大国」化した隣国への「やっかみ」意識ゆえですし、紆余曲折をへながらも、確実に変貌をとげていく韓国の元気のよさに対する「嫉妬心」ゆえでしょう（ひとりあたりGDP等）。安倍政権は「景気浮揚」といいつづけながら、結局は不況を悪化させる増税策をくりかえし、一方格差がひろがるような方向性でしか税制をかえられず、とうとう「やっているフリ」自体、ばけのかわがはがれてしまったのだと。

7-2. 21世紀の激変にとりのこされた「島国根性」と「やっかみ」意識、生産性幻想

　かんがえてみると、人口ボーナスをつかいきって人口減少期に突入した日本列島は、大量に流入する移民がどんどん市場を活性化するとか、ベンチャー企業がつぎつぎ大成功して、あらたな業界が誕生しつづけるとか、海底油田やレアメタル鉱床が発見されるとか、要するに想定外の激変がおきないかぎり、人口減少や価格破壊競争などのペースにそって、市場規模・GDP等が漸減していくのです[129]。あわせて、ネット右翼の主力と目される中高年男性たちの共有する「過去の栄光」は、大企業の凋落や、ひとりあたりGDPなどの地位低下という現実で、ひとつひとつ、うちくだかれています。

　そもそも、ネット右翼の浮上という現実自体、SNSの大衆化（発信コストの激減とエコーチェンバー現象の悪循環）によって「承認欲求」意識が過熱した現象とかんがえられます。《自動車産業においてドイツはともかくアメリカはぬきさった》といった、ナショナリスティックな科学技術信仰は、結局ICTなどイノベーションの

質・量で、到底アメリカにはかなわないと、うちのめされました。地味にすごい企業はたくさんあれど、GAFAなどに類するような世界を牽引するようなベンチャー企業はひとつもうまれませんでした。そんな「うしなわれた30年」という長期低迷のうちに、GDPで中国に圧倒されるばかりか、韓台ほか東アジア各地の経済成長にのみこまれ、いまや「GDP世界第三位」という序列しか自尊心のよりどころがなくなった。この21世紀に顕在化した国際的地位の急落こそが、中韓バッシングのエネルギー源といえます。

　植民地支配当時の反省もできないまま、宗主国づらして反発されるとか、「むかしは、あんなに資金供与・技術供与してやったのに、かいいぬに、てをかまれた」……式のみぐるしい過去志向（ノスタルジー）にしか、プライドの立脚点がない。中韓を「パクリ文化」「恩をあだでかえす連中」だと揶揄するときに、欧米の劣化コピーしかできない日本という冷笑された時代のことは、つごうよくわすれられています。近年TV番組ではやる「本当はすごいニッポン」といった、キャンペーン風バラエティー番組も、ものがなしい。

　はなしが少々それましたが、中国からの「爆買い」ツアーなど、いわゆる「インバウンド需要」について最近めだつ非難も、バブル期にフランスなどでブランドものをかいあさっていた日本人女性＝オーバーツーリズム／「おのぼりさん」時代をわすれたバッシングです。当時のフランス人が、冷笑しつつもバブル崩壊後に「あのころはよかった」と述懐したように、中国人観光客がすっかりおちついてしまえば、後年「あのころはよかった」と日本人もくりかえすはず。この普遍的構図は、「発展途上国からの「おのぼりさん」」を冷笑している先進地域は早晩おいこされ、徐々に序列をおとしていくというメカニズムです。

したがって、現状をいえば、韓国に対しては、「まだまだ小国」イメージで、バッシングにも妙なユトリがみられるけれども、中国大陸に対しては、「のみこまれそうだ」という恐怖感が明白に浮上し、大都市部にくらす富裕層に対して「うらやましい」という、「やっかみ」意識がすでに定着しつつある。食文化やファッションなど、「洗練されていない」などと、けなしてはみても、「所詮はアメリカにアタマがあがらない英国」という主客逆転に酷似しています。

　一方、デービッド・アトキンソン氏（小西美術工藝社社長）は、「「日本は生産性が低い」最大の原因は中小企業だ」（『東洋経済ONLINE』2020/03/27）という持論を一貫して主張しつづけてきました。「日本では、全企業の99.7%が中小企業で」「これらの中小企業をひとくくりにして「日本の宝だ」というのは、究極の暴論」だという指摘は、マクロ経済的に妥当でしょう。しかし、「永遠に成長しない中小企業は、国の宝どころか、負担でしかない」「中堅企業や大企業に成長する通過点としてのみ、価値がある」といった総括ともなると、かなり乱暴な一般化が感じられます。

　　　日本に限らず、海外のどの国のデータを見ても、小規模事業者より中堅企業のほうが生産性は高く、中堅企業より大企業のほうが生産性が高いことを確認できます。

　　　大企業の生産性＞中堅企業の生産性＞小規模事業者の生産性

　　　これは世界中で確認できる、動かしがたい事実なのです。

　　　統計学的には十分とは言えませんが、日本の中小企業庁が発表している2019年の『中小企業白書』のデータでも、同様の傾向をハッキリと見て取ることができます。2016年の日本の大企業の生産性が826万円だったのに対し、中堅企業は456万円でした。小規

模事業者の生産性はさらに低く、342万円でした。

　EU28カ国の統計でも同様の傾向が確認できます。28カ国の数字をまとめて見ても、国別に見ても、大企業の生産性は中堅企業より高く、中堅企業の生産性より小規模事業者の生産性が低いのです（ただし、大企業の生産性は日本とEU28であまり変わらないのに、日本の中小企業の生産性がEU28のそれよりかなり低いことが目立ちます）。

（同上）

　かれは、「日本の中小企業の生産性がEU28のそれよりかなり低い」と妥当な総括をする一方で、EU28カ国の中堅企業が生産性において大企業にひきはなされていない現実、日本の中堅企業が生産性においてEU28カ国の小規模事業者にまけているというマクロ的現実にふみこみません。かれの議論は、ふかい産業振興政策にねざした議論なのかもしれませんが、すくなくとも、この記事に限定するかぎり、日本での構造不況などOECDでひとりまけといってよい低成長ぶりは、日本政府が不当に小規模事業者を保護する政策をとりつづけることで生産性があがらない産業体質がもたらした、という結論しかみちびけないでしょう。

　このように慎重に議論を検討するなら、問題のたてかたは、「日本には、なぜ非効率な中小企業がほとんどをしめるような産業構造を維持しているのか？」「日本の宝とされる中堅企業でさえ、生産性においてEU28カ国の小規模事業者にまけているという現実を、どう解釈するのか？」「生産性においてEU28カ国の小規模事業者にまけていないのは、EU28カ国の大企業にまさる日本の大企業をモデルとみなし、全企業の99.7％をしめる中小企業は、大企業に吸収合併されるか、統廃合を急速にすすめて、日本列島から一掃する

ような企業改編をすすめるべきだというのか？」といった仮説群へと収斂するはずです。

　しかし、すでに大企業の合理化が、「ブルシット・ジョブ」の肥大化をもたらしたというマクロ的動向をみたように、大企業中心の欧米企業が、そんなにムダをかかえない、そして生産システムのスリム化によって"Slack"を充分そなえた優良企業ばかりとは、到底おもえません。

　たとえば、EUの騎手であり、世界を牽引する工業国といってよいドイツにも、れっきとしたブラック企業があるようです[130]。ブラック企業が暗躍して、安価な食料品が調達されていることに安住していたドイツ国民とは、定時退社でしごとをこなせる優等生ビジネスパースンである一方、外国人労働力を冷淡に搾取することを黙認する守銭奴でもあるのでしょうか？　デービッド・アトキンソン氏が非効率と指弾する日本列島でも、技能実習生や留学生を搾取するブラック企業が多々あるわけですから、ひとのことをとやかくいえた義理ではありませんが、かれらが、とかくもちだしたがたる「生産性」概念の内実や、地域別・企業規模別の「生産性」の含意は、慎重に検討すべきではないでしょうか。

　日本列島なら、無数のコンビニ店舗をたばねて巨利をほしいままにしてきた本社の「生産性」とは、なにを意味するのか？　「価格破壊」商法で徹底的な薄利多売を追求し同業他社との消耗戦をいきぬく量販店が、メーカーから販売促進の人員を要求する商慣習とは、中長期的に合理的なのか？　大手量販店の販売促進スタッフに散々商品説明をさせたあげく、店舗ではかわずスマホで通販購入ですませて罪悪感をおぼえない消費者の倫理感とはなんなのか……などです。「マネシタ電器（パナソニックの前身「松下電器」への揶揄）」

にかぎらず、同業他社の技術をコピーするのは特許部分以外当然として、大企業が、池井戸潤らの企業小説よろしく、中小企業にすりより技術をぬすんだり、吸収合併で先端技術をまるのみするなどの手法は、多々あったはずです。近年、中韓の企業に技術をぬすまれたとか、整理解雇された技術者が中韓でノウハウをおしげもなく供与・指導していると、にくにくしげにかたられます。しかし、そもそも「マネシタ電器」にかぎらず、まずは欧米先進国の家電・自動車・製鉄などの技術をすくいとったのは、半世紀まえぐらいまでの日本列島の常態でした。いってみれば、バブル経済ぐらいまでは、先進国や中小企業の開発成果を効率よく吸収・改良したから、生産性があがる一方だった。消費者も新製品にうえていたから、新規にみえれば、モデルチェンジもふくめてとびついた。それを人口ボーナスがあとおしした。……それが一転、一定ゆたかになって、消費生活に満足しはじめた大衆も「満腹感」をおぼえて、よほど食指がうごかされなかぎり、てをださなくなった。商品が以前のようにうれなくなればなるほど、企業はあせり、価格破壊商戦でライバルからパイをうばいとることに奔走した。バブル経済期の愚劣なこげつきの処理はもちろん、価格破壊とあいまって権利意識をたかめた消費者の一部は、「モンスター」化するなど、コールセンター業務だけで「まえさばき」しきれる水準をこえてしまった。工場の生産ラインを徹底的に省力化して生産性は向上しつづけたが、消費者からわきあがるクレームなど、以前は不可視だったコストが肥大化して、「不況なのに、残業はへらない」「過労死がめだつ」といった、異様な事態がふえていく。……

　もし、このように「うしなわれた30年史」をラフスケッチできるとしたら、アトキンソン氏のような《非能率的な中小企業を淘汰

せよ》は、処方箋にならないのではないか？

　そもそも、アトキンソン氏らをふくめたエコノミストたちのほとんどは、「生産性」概念を数値化・比較化できるとおもいこんでおり、たとえばマクロ的に総計すると「国民経済」の大小や「成長」などが、ごく自然に序列化できると信じている。しかし、本当にそうなのだろうか？　何人もの識者が指摘してきたように、ICTによって、実際に物体をつくったり、うごかしたりせずに利用できるようになることが可能になった。それらの合理化は、あきらかにヒトの生活を便利にし、時間など種々のムダをはぶき、要するにQOLを確実にあげてきたわけです。しかし、GDPなど計測される経済指標に、これらの日常生活全般の質的向上は絶対反映されません。単に、スマホがうれた量であったり、通信費用の増大であったり、量的にふえたかどうかだけが計上され、「成長」だの「生産性」として把握されるわけです。

　コロナ禍で大量発生したケースでいえば、実際にヒトが移動による対面状況をさけるようになれば、旅客業などが前年比マイナスとしてだけ位置づけられ、オンライン機器周辺のうりあげが前年比プラスとして位置づけられる。そこには、感染をさけて家族・患者と面会ができるとか、出社・出張などせずとも会議ができるといった省力化・省エネ化・時間短縮などの長所が量化されずに放置される。せいぜい、民間企業で出社しないことで発生した交通費の激減とか、出退勤時間の短縮とか、残業の圧縮などが数値化され、バカたかいオフィス賃貸料をはぶこうといった判断がなされる。……こんな感じかとおもいます。しかし、「アフター・コロナ」と散々喧伝されたように、ICTなどが可能にした、はたらきかた、やすみかたの選択肢の増大、拘束時間・労働時間の質的変容などは、わざわざ調査

して「こんなに減額できた」などと、さわぎたてるものではないとおもいます。

たしかに、アトキンソン氏が敵視する非合理的で生産性がひくい中小企業というイメージは、物理的・経済的に妥当かもしれません。しかし同時に、大企業がたかだか数%しかない現実は、統廃合・吸収合併の収束状態なのではなく、大企業が人員整理した層の自営業化、大企業が永年構築したサプライチェーンの系列化＝搾取ピラミッドの産物なのではないでしょうか？

すくなくとも、日本列島に無数の中小企業がのこっているのは、日本政府が「なばかり社長」を欧州の農業助成と同様の保護政策であまやかした結果などではない。大企業の正規職員となる競争からこぼれおちた人口が、各人、自営業にてをだして、ニッチをみつけだして起業しては廃業するをくりかえす。家族を労働力としてみこむことはもちろん、パート・アルバイトや派遣労働者や外国人研修生・留学生を動員しないかぎり、いいかえれば、常勤の正社員ばかり雇用する形態では存続不能なビジネスモデル以外、おもいつかない条件下で、「自営業」を必死にまわしている業態が、全人口の何割かをしめているだけではないのでしょうか？　たとえば、前述したサプライチェーンの系列化＝搾取ピラミッドの最下層をになう戦力として。あるいは、飲食店経営で、ビジネス街のワンコイン定食やキッチンカーでの弁当やラーメン店などとしてサバイバルゲームを維持している層などとして。

もし、この経済学的推定が妥当なら、アトキンソン氏の、非合理的で生産性がひくい中小企業という敵視は、不毛で有害無益なのではないか？　たとえば、ビジネス街から距離をおいた立地で50年ちかくも存続している「町中華」といった業態は、「生産性」など、

出店当初からめざしたことなどないでしょう。店主や家族たちは、せっかく経営がなりたった以上、なじみ客がよろこんで日参してくれるメニューをひねりだし維持してきただけです。価格帯と質（素材と調理水準）の費用対効果は顧客本位であり、外食チェーンのような薄利多売戦略ではないし、利潤が蓄積していくような経営戦略など、はなから存在しないとおもいます。

　こうみてくれば、たとえば《「町中華」が後継者をうまずに廃業すれば、時代錯誤な業態が淘汰され生産性があがる》といった合理化思考は、ことの本質をとりそこねているとわかります。そもそも、ヒト（生産者と消費者）は、GDPだの日経平均などをふやす「成長」を目的に生活しているわけではありません。たとえば「町中華」が一軒廃業することは、それだけ近隣のサポーターの食生活や余暇を確実にひとつ貧困化させるということ。端的にいえば「生活水準の明白な劣化」を意味するはずです。これらのミクロな現実は、GDPだの日経平均などといった指標や、企業の統計化された公式の労働時間だとか給与水準などだけみても、絶対理解できないでしょう[131]。

　そもそも《ガラパゴス的な経済体制ではグローバル化のあらなみのなかで敗退・消失する》といった競争ありき（レッドオーシャン市場）の経済観は普遍的で妥当なのか？　各人が生産・サービス提供、それを享受するニッチが実在し、「ブルーオーシャン」が存続するというメカニズムを非合理的とし、《日本列島が貧困化＝沈没する経済》といった断定をするのは、いさみあしかと[132]。数値上の「劣化」を深刻ぶり、他国との比較で懸念をつよめるよりも、市民各人の生活の質の維持をどうするかが真の課題でしょう。「量より質」です。

注

120 ましこ（2014, 2018a）で詳細に解析していますので、そこにゆずります。

121 具体的には、学校保健安全法（文科省管轄の「教育法」の一種）での「学校感染症」のとりあつかいで、よほど深刻な大量感染とならないかぎり、保健所等がでてこない領域。

122 過去に、新型インフルエンザ流行への対策マニュアルが作成されたことは確認できます。

　　たとえば、北海道教育庁学校教育局学校安全・健康課「新型インフルエンザ対応マニュアル（暫定版）」（2010年3月）には、つぎのような指示がだされています。

　　　　○清掃・消毒

　　　　・感染者が咳やくしゃみを手で押さえた後や鼻水を手でぬぐった後に、机、ドアノブ、スイッチなどを触れるとその場所にウイルスが付着するため、通常の清掃に加えて、水と洗剤を用いて拭き取り清掃しましょう。

　　　　（参考）

　　　　「消毒剤について」

　　　　インフルエンザウイルスには次亜塩素酸ナトリウム、イソプロパノール消毒用エタノールなどが有効です。

　　　　消毒剤の噴霧は、不完全な消毒やウイルスの舞い上がり、消毒実施者の健康被害につながる危険性もあるため、実施するべきではありません。（http://www.dokyoi.pref.hokkaido.lg.jp/hk/ktk/grp/03/infurumanyuaru.pdf）

123 もちろん、アメリカ政府や朝鮮政府・中国政府などがそうであるように、政治権力は内乱をおそれてか、軍隊の徹底スリム化にだけは、絶対むかいません（アメリカなどは議会からの批判で、少々減額されることもありますが、パーキンソンの法則よろしくアメリカの国防予算が激減したことはないはずです。ウィキペディア「アメリカの軍需経済と軍事政策」）。すくなくとも自国政府の安寧をゆるがす国内外の危険分子を徹底排除できるよう、実働部隊と武器・弾薬等はふんだんに備蓄し、その際、国民が塗炭のくるしみにあえごうが、自国政府の護持だけは一大事と。

124 生徒・家族の経済格差・地域格差等が直撃しないようなかたちでのオンライン授業、アウトリーチ制度の拡充は、こんな有事だからこそ英断が可能だったはずですが、生徒ひとりに、1台のパソコンと通信環境を保障することさえできない自治体と、それを黙認する文科省・財務省という惨状。ICT立国をうたっていたはずの「工業先進国」のプライドどころか、とんだ後進国ぶりが露呈したのでした。安倍政権というのは、旧民主党もそうですが、長期的視野にたった対策をたて、パンデミックやイノベーションの急伸といった事態に対する"Slack"を着々と蓄積するといった

ことができない、保守政治の象徴的存在であり、霞が関のエリート官僚とやらの無為無策・無責任ぶりを暴露してしまう（公文書処理の暗黒組織でもありました）という歴史的使命しか、はたさなかったといえそうです。

125 「【学校の働き方改革】2019年夏、教員の「夏休み取得ルール」の見直しが急務！」（『打刻ファースト』2019.07.15, https://www.ieyasu.co/media/summer-holiday-teacher/）

126 わすれてはならないのは、部活動は課外活動にすぎず、指導・引率が現場教員におしつけられてきましたが、労働法的には、なんらひきうけるすじあいのないボランティアという事実です。土日や長期休暇に生徒につきあうことで、数千円あてがでようが、ボランティアにすぎないことは否定できません。保護者は、あたりまえと勘ちがいしてきましたが。

127 ちなみに、この大原則がかろうじて維持されている唯一といっていい学校空間は、大学です。大学教員は、学生の教育指導だけではなく研究することが義務づけられており、また学期中にはすすめられない入試問題準備などもあるので、長期休暇が不可欠であることは当然視されてきました。

　しかし、本書に挑戦している読者層などを例外として、「夏休み期間に著書をかくなど、いい御身分だな」等、大学人＝ずるい「上級国民」の一種と誤解している層が相当いそうな気がしています。筆者の被害妄想ならいいのですが。

128 たくさんの批判的検討がくりかえされたとおり、日銀の黒田総裁らがとなえた、2年で2%のインフレを誘発するとした目標は一度も達成されることなく、いずれ、そのうち……の連続でした。

129 東アジア地域（中韓台ほか）は、総じて少子化がすすみ、人口動態上は高齢化と人口減少を、日本列島のあとをおいですすめるのですが。

130 「安い肉や果物はどこから　コロナ禍が暴いたドイツで搾取される外国人労働者」（「ニッポンあれやこれや　～"日独ハーフ"サンドラの視点～」『The Asahi Shimbun GLOBE+』2020.08.20）https://globe.asahi.com/article/13645780

131 「小西美術工藝」は、「2016年時点で日本の文化財装飾に関わる4割の職人を抱える業界最大手企業である」（ウィキペディア）といった立派な事業のようです。しかし、優秀な職人さんだけをたばね、基本的に公的な助成を前提にした「文化財装飾」という、「シット・ジョブ」化は基本的にさけられる領域での事業を「合理化」し採算化するというのと、「町中華」やビジネス街の外食文化のサバイバルゲームとは、「競争的」に比較対照すべきすじあいにないとおもいます。

132 人口減少や高齢化もそうですが、それ自体が「縮小」「衰退」といった、市場の量的劣化とみなす没落論は、独善的です。人口減少や高齢化が急

速すぎるケースのばあい、市場の縮小などもふくめ深刻になるだけであって、充分なユトリをもった少子化等なら、破局などこないのです。少子化の急激さ＝高齢化の急速な進行リスクなら、韓国・台湾などの方が深刻ですし、女性の晩婚化・非婚化・出産回避の加速化傾向などは、東アジアなどに共通の課題です。

8章
ベーシックインカム論からみた、労働の意義再考

生産性向上至上主義としかおもえない民間企業において、巨大な有害無益部分が肥大しつづける近年の異様さ。それは、市場原理主義といってよい、たとえばミルトン・フリードマンらの資本制理解とあいいれない、絶対的矛盾といえます。そこに、着目して、やっている感をさかんに演出する作業＝アリバイ工作を「ブルシット・ジョブ」とくさすグレーバーには、もろてをあげて賛意をしめしたいとおもいます。また、資本制市場を軸としてまわっている現代社会。とりわけ経済先進地域の大都市圏にくらす住民にとっての、民間企業の存在とその要求する労働条件は、直接間接あわせて、巨大な比重をしめるわけですから、力作で公共部門をあえて軽視する構成をとったのも充分理解できます[133]。

　一方、グレーバーは、「アダムにかけられた呪いというキリスト教の教義」と「親方の規律のもとで賃労働することが一人前の大人となる唯一の方法であるという北部ヨーロッパ的な観念が融合」することで、労働の苦痛にたえること（「ある種の世俗的苦行」）の正当化がなされたとしますが（グレーバー2020：311）、マックス・ヴェーバーによるプロテスタンティズム理解と同様、これらは世界史的普遍性をかたれていないとおもいます。一神教の伝統がない広大な世界に、なぜ19世紀後半に同様の労働イデオロギー、資本制の正当化が伝播していったかについて、説得力のある説明をもたないからです[134]。したがって、西欧起源の「物語」に従順になっとくする必要はなく、たとえば東アジアに共有されているかもしれない労働倫理などもあわせて、比較対照することで、グレーバーの力作の射程は一層明確化していくだろうと信じるものです。

　ここでは、グレーバーが「ブルシット・ジョブ」論の最終部分

で、具体的な打開策＝未来像として提起した「ベーシックインカム」論をとりあげて、労働時間や労働の意義を再検討してみたいとおもいます。それは、うえにあげたように、西欧由来の労働倫理とは異質な労働観を、すくなくとも日本列島の住民のおおくは共有しており、それは、死生観・平和観・平等観・自由観などと同様、欧米人がかんがえがちな「普遍的理念」ではないとかんがえるからです。グレーバーは当事者の証言データをTwitter募集し、英文の回答を250えたそうですが、日本をふくめた非英語圏からは多数とはいえなかったようだし、データが英語圏出身者にかたよっていることは、あきらかだからです（グレーバー2020：49）。

　さて、直接グレーバーのベーシックインカム論にとりかかるまえに、非常に欧米的な労働観にたつ日本人の議論がめにはいったので、その検討をさきにすませたいとおもいます。

　　　人は、自分に固有の価値を実現するために生きていて、他人のために働くのは生活費を得る手段にすぎないのですから、余生の生活費を満たすだけの資産が形成された段階で、働くことをやめて、後は資産に働かせて、自分に固有の価値実現に専念すべきではないでしょうか。

　　　……働くことが生活費を得ることだとしたら、それは、生きることの目的ではなくて、その手段にすぎないわけです。要は、人は生きるために働くのであって、働くために生きているわけではないということです。

　　　生きる目的を追求することで、同時に生活費も得られる人、即ち生きる目的が働くことになっている人は、いわば天命によって職務を授けられた人として、天職を得た人と呼ばれるのです。天

職を得ることは幸福であり、幸福な人について論ずべきこともないのですが、そのような幸運に全ての人が恵まれるわけではなく、論ずべきは天職を得ない普通の人のことです。

実は、全ての人が天職を得るべきだ、そのために努力すべきだという思想が根強くあります。歴史的に、支配者は、被支配者を働かせるための論理として、働くことこそ人の生きる道だという道徳観の普及に意を凝らしたでしょうし、民主主義の時代になってすら、経済成長神話のもとでは、働くことのなかに生きる喜びと価値を見出すべきだという思想の喧伝がなされてきたのです。

その効果は強力なものであって、現時点においてすら、働くことは生活費を得るための必要悪であって、自分の人生の全ては趣味にあるといい放つことには、多少の罪悪感を伴うわけです。しかし、ピアノを弾くことのなかに真の自分自身を見出す人は、それによって生活費を得ることのできる幸福な少数者を除いて、所得を得るための別の仕事をするわけですが、その仕事は、どう考えても、必要悪以外ではあり得ません。

（森本紀行「人は働くことをやめるために働くべきだ」『哲学的産業金融論』YAHOO! JAPAN NEWS, 2020/09/03）

非常に明快な労働観で、説得力もあるとおもいます。すくなくとも、中高年男性のおおくは全否定できない読後感をもち、相当数が賛同するのではないかと。しかし、こういった首尾一貫してみえる人生観の一部としての労働観は、欧米の中産階級や中国の新興中産階級などには支配的でも、「そうはいっても、現実は……」といった反感もよびそうな予感もします。たとえば「「余生の生活費を満たすだけの資産が形成された段階で、働くことをやめて……」と

いった人生設計をゆるす労働条件を保証する職場がどれくらいある？」「日本の全人口の10％ものぞめないような構想で、ナンセンス。「論ずべきは天職を得ない普通の人」という著者は「普通」イメージを恣意的に伸縮させている」などなどと。

あるいは女性なら、「「他人のために働くのは生活費を得る手段にすぎない」といわれたら、家族のために毎日はたらいて、生活費をかせぎにでない自分たち主婦は関係ない議論？　それとも、そのように、夫にかんがえかたを整理してもらうのが、つとめというはなし？」といった疑問をもつかもしれません。

すくなくとも、「余生の生活費を満たすだけの資産が形成された段階」を50代前半以前にむかえて、早期退職優遇制度を利用して第二の人生をむかえられる層は、企業人や役所づとめのばあい、例外的少数ではないかとおもいます。いいかえれば、遺産相続やら株式投資だとかでまとまった資金をえられるといった条件をみたせないかぎり、つとめ人の大半は、退職金をてにして、はじめて1千万単位の水準の資産を形成できるし（住宅ローンをくんで購入したマンション等はともかく）、65歳前後まで給与をもらえるなら、もらいたい、という層にあたるのではないでしょうか？　いいかえれば、こういった資産形成論は、すくなくとも40代には事業をおこし、生活費をかせぐために他人あいてに、おつとめをはたすといった姿勢を「卒業」し、他人を資産をふやす手段として利用できるポジションを獲得するという、キャリアなしには、ナンセンスということです。

　　　……必要悪だからこそ、働くことの生産性が高くなるわけです。
　　　高い生産性とは、同じ量の仕事なら、最小の時間で完了させ、

同じ時間なら、最大の成果を創出することですから、自己実現活
動に使える時間の最大化を目指す人は、仕事のうえでは、生産性
の高い人になります。好きではないけれど必要なことだからこそ、
そこに効率化の利益誘因が生じるからです。

　趣味などの自己実現活動は、そもそも、経済的価値に還元でき
ないものですから、そこに生産性を論じる余地はありません。逆に、
仕事が趣味だという人は、仕事のなかに非経済合理的なこだわ
り、即ち無駄を取り込むことで、仕事を楽しむわけですから、実は、
生産性が低いのです。おそらくは、ここに、日本の生産性の低さ
の根本的な原因があるのでしょう。　　　　　　　　　　（同上）

　この指摘となると、これまでの文章とことなり、相当な反発をう
みそうです。しかし、欧米人が残業を徹底的にいやがり、たとえば
ドイツ人が定時退社を自明視して業務に集中するといった議論には、
「日本人も残業依存症は卒業しないと」と賛同するひとはおおいか
もしれません。すくなくとも、趣味や育児にもっと時間をさきたい
とかんがえる20〜30代のわかてはそうなのではないかと。

　しかし、ここで当然視されている「生産性」とは、前出のアトキ
ンソン氏と同様、経済（数値）至上主義からの論理的帰結でしかな
くて、一面的な人生観・経済観におもえます。「仕事が趣味だとい
う人は、仕事のなかに非経済合理的なこだわり、即ち無駄を取り込
むことで、仕事を楽しむわけですから、実は、生産性が低いのです。
おそらくは、日本の生産性の低さの根本的な原因があるのでしょ
う」といった侮蔑まじりの想像力からは、個人経営などのラーメン
店の時間をかけた「しこみ」過程などは、「無駄」、時間の浪費にし
かみえないでしょう。「町中華」の、「たべていければいい」「なじみ

客のよろこぶかおで充分満足」「からだがもたなくなったら、店を
たたむ」といった労働観・人生観も絶対理解できないでしょう。

　かれら「ホモ・エコノミクス（合理的経済人モデル）」の発想か
らは、「同じ量の仕事なら、最小の時間で完了させ、同じ時間なら、
最大の成果を創出すること」という方向性での合理化しか視野には
いりません。当然、「属性ごとに労働観・人生観は相当異質」という、
ごくあたりまえの普遍的現実がみえてこないのです。

　　　……最短の時間で生涯の生活費を形成できるように働く、これ
　　ぞ最も生産性の高い働き方です。そして、既に働く必要のなくなっ
　　た人が早く仕事をやめ、まだ働く必要のある人に仕事を譲ることで、
　　社会全体としての生産性も改善するはずですし、仕事をやめて自
　　己実現に努める人は、何らかの社会的価値を創造することで、経
　　済成長に貢献できるのです。
　　　また、これで資産形成の真の意味が明らかになります。資産形
　　成の収益率が高ければ高いほど、人は早く仕事をやめられます。
　　これからの金融の真の使命は、資産運用の高度化を通じて、早く
　　仕事をやめ、自己実現に没頭できるように、働く人を支援するこ
　　となのです。
　　　　　　　　　　　　　　　　　　　　　　　　　　　（同上）

　一見、社会の新陳代謝というか、世代交代をはやめる人材活用論
として、非常にすぐれた見識にみえます。しかしこれは、「はやく
資産形成をすすめて、うちら業界に資産運用のてつだいをさせてね。
win-win関係にはやくなりましょう」という、《広告》だというこ
とがわかります。もちろん、マクロ的には、まわりまわって「仕事
をやめて自己実現に努める人は、何らかの社会的価値を創造するこ

とで、経済成長に貢献できる」という一般論は成立するでしょう。しかし、御当人が「趣味などの自己実現活動は、そもそも、経済的価値に還元できないものですから、そこに生産性を論じる余地はありません」と断定しているのですから、「何らかの社会的価値を創造することで、経済成長に貢献できる」という楽観論は、まゆつばです。「自己実現」は、生産性など追求しない趣味的なもの＝関係する業者に利益をもたらすお客さんとして経済に貢献するだけで、「散財して貢献」という構造なのです。

　ラーメン店の「しこみ」過程を「無駄」、時間の浪費にしかとらえない感性からすれば、「本来もっとアルバイト時給をあげられる」とか、「老後資金が充分すぎるほどたまったら、ラーメン道場などの起業家養成機関を設立してもいいのに、「ラーメン道」とかの、あやしげな信仰にすがって資源をムダにしている」などと妄想がふくらむだけかもしれません。しかし、リタイア後の資産運用人生を自明視していない広範な人口にとって、「はやく撤退して、ラクをしたい」という人生観は全然一般的ではありません[135]。それを近代経済学の抽象化された人間観から非合理的と断罪・侮蔑するのは、人間存在を矮小化しすぎです。

　ともあれ、以上は、経済合理性を追求する才覚のない大学人という、不要不急の業界人からの経済人への、やっかみ・イヤミととられてもしかたがありません。しかし、「ホモ・エコノミクス」観がもたらす人間観が一定のユガミをもち、非常に視野を限定した合理性しかみていないことは、以上の批判的検討だけでも充分うらづけられたとおもいます。

　実は、このような「まわりみち」をあえてしたのは、この経済人

の「意識たかい系」の議論が、経済合理性はもちろんのこと、労働とはなんであり、社会・人生にとってどんな意義があるのかを、劇的にうきぼりにしてくれることに、気づいたからです。

> 人は、自分に固有の価値を実現するために生きていて、他人のために働くのは生活費を得る手段にすぎないのですから、余生の生活費を満たすだけの資産が形成された段階で、働くことをやめて、後は資産に働かせて、自分に固有の価値実現に専念すべきではないでしょうか。……働くことが生活費を得ることだとしたら、それは、生きることの目的ではなくて、その手段にすぎないわけです。要は、人は生きるために働くのであって、働くために生きているわけではないということです。

　以上、さきに引用した冒頭の3文ですが、これらのテーゼは、「ベーシックインカム」が実現したときすべて前提が雲散霧消してしまうのです。なぜなら、日本国憲法25条がうたう「すべて国民は、健康で文化的な最低限度の生活を営む権利を有する」という、一般にはプログラム規定としてしかうけとめられてこなかった条文を、国家が万人に保証するというのが、「ベーシックインカム」なのですから。たとえば、現在の生活保護費にあたる額を全住民に支給するとなったら、「働くことが生活費を得ること」ではなくなります。「生活費」は保証されているのだから、万人の行動が自己実現のために変質する。すなわち、「余生の生活費を満たすだけの資産」を形成する、といった「現役」時代の目標自体がきえてしまうのです。「ベーシックインカム」が実現したときに「余生の生活費」に懸念があるなど、ありえませんし。

当初は、グレーバーが最終章で展開している「ベーシックインカム」論についての整理とコメントを予定していましたが、無意味におもえてきました。アナーキストであるグレーバーが国家権力を前提とした「ベーシックインカム」制度に希望をよせることへの奇異な印象をおぼえるひともいるでしょう。しかし、「ベーシックインカム」制度が革命的に社会を変質させる構造を、グレーバーがどう問題提起しているか、アナーキストが詩人として未来をかたるときの、自由なキラキラ感は、原典最終章を実際にご覧いただくべきだと感じたので、拙速な整理などしない方がいいと感じた次第です[136]。

　ここでは、少々ながい引用ですが、印象的な箇所をあげておきます。

　　控えめなベーシックインカムのプログラムでさえ、最も根本的な変革にむかう最初の一歩となりえる。すなわち、労働を生活から完全に引き剥がすことである。前章でみたように、労働の内容にかかわらずあらゆる人びとに同一の報酬を支払うべきだという主張は、道徳的にも擁護できるものである。とはいえ、前章で引用した議論においては、労働に対して報酬を受け取っているということが前提とされている。人びとがどれだけ必死にどれだけ多くのものを生産したのかを測定する必要はないとしても、このばあい、最低限、人びとが実際に働いているかどうか監視するための官僚制のようなものが必要とされるだろう。〔一方〕完全なベーシックインカムによるならば、万人に妥当な生活水準が提供され、賃金労働をおこなったりモノを売ったりしてさらなる富を追求するか、それとも自分の時間でなにか別のことをするか、それにか

んしては個人の意志にゆだねられる。こうして、労働の強制は排除されるであろう。ひるがえって、それによってより好ましい財の分配方法が切り拓かれるかもしれない（貨幣はつまるところ配給〔割り当て〕切符なわけであるが、理想的な世界では、おそらく可能なかぎり配給への依存は少なくしたいと考えられているだろう）。こうしたことのすべては、あきらかにつぎのような想定にもとづいている。すなわち、人間は強制がなくても労働をおこなうであろう、ないし、少なくとも他者にとっても有用ないし便益をもたらすと感じていることをおこなうであろう、と。わたしたちがみてきたように、これは理に適った想定である。ほとんどのひとは、ぼーっとテレビの前に座って毎日すごすことを選ばないであろうし、完全なる寄生生活を本当に好む一握りの人間が社会の重圧になることもないだろう。というのも、人びとが安逸で安全な状態を維持するために必要とされる労働の総量は、とてつもなく大きなものではないからである。実質的な必要量をはるかに超えて働くことをやめない脅迫的な仕事中毒の人びとが、気まぐれな怠け者たちの分を埋め合わせをしてくれるであろう。

(グレーバー2020：359-360)

　こういった楽観主義を一笑に付す層、ギャンブル依存症で浪費してしまう生活保護受給者の一部を想起して論外と難じる層、財政難の日本政府ができるはずがないとダメだしする層など、さまざまだとおもいます。しかし、膨大な資源がブルシット・ジョブによって浪費されてもなお、余剰が大量に廃棄されつづけてきた日本やアメリカなどをみれば歴然としているように、生産量は過剰であり、問題の根幹は妥当な再分配と生産量の調整なのです。

すくなくとも、小中学生に対応する教員の労働環境がブルシット・ジョブで機能マヒし過労死水準に達していたり、メンヘラー・休職予備軍が大量にいるというのは、制度上まちがっています（教職の「シット・ジョブ」化）。労働力が過剰にあまっているところと、異常にたりないところの偏在について、すくなくとも、ブルシット・ジョブについている労働者は責任の一端をになっているし、これらの矛盾に気づかなかったり、矛盾のうえにふんぞりかえって高報酬をえている政官財エリートは、深刻な責任をしょっているといえるはずなのです。

　ともかく、生活者ひとりひとりが「はたらかざるもの、くうべからず」という、やっかみ心理から解放され、病気等をかかえていようが、経済的な不安をかかえずにいきていける社会を実現することは、単に総労働時間の削減とか残業の廃止といった改革ではすすまない本質的な変革をもたらすだろうことは、確実です。

133 ただ、すでに展開してきたように、現代日本にあっては、公共部門における「ブルシット・ジョブ」の重大性・有害性は、まだまだ充分な解析がすすんでいません。

さらに、オバマもと大統領が「なぜ選挙民の民意に抗って民間企業による利潤追求型の健康保険制度の維持を選んだのか、その理由について」、事実上の失業対策（百万人単位での大規模な水準での）として「無益な雇用の維持をめざした」とのべているように、公共部門主導の「ブルシット・ジョブ」創出（「非効率」の意識的選択）は、ちいさな連邦政府論者たちのアメリカのような社会でさえ認識されているわけです（グレーバー2020：209-210）。

134 資本主義的イデオロギーの伝播は、科学技術が「男尊系ウイルス」（ましこ 2018b）を発症させたことで急伸したものであり、本質的に攻撃的であり、事実の解明そのものよりも、対象にマウンティングしたいというオトコたちを大量生産するメカニズムの経済版としてひろがったのだとかんがえます。

みもふたもないはなしですが、軍事力を異質な次元にまで破壊的に伸長させ、あわせて、物理的暴力をひかえても圧倒的な物量でもって、白人男性以外のすべての存在を畏怖させるだけの建造物をうちたてるなど（米軍基地が実際につくられたときの「銃剣とブルドーザー」が典型例）、第一次産業革命は、まさに革命的だったからこそ、19世紀以降の圧倒的覇権が確立したし、21世紀にいたっても、依然として欧米優位の世界史が展開中なのだとおもいます。フェミニズムも、アンチ・レイシズムも、みな、これら帝国主義国家が達成した圧倒的物質主義に対して、公正化＝平等化（「自由／平等／友愛」理念の「正常化」）を要求してきたのでしょう。

135 これは、所属リーグのランクをさげてでも現役生活を維持したいとかんがえる、野球・サッカーなどのプロ選手にもいえるでしょうし、「はやく撤退して、ラクをしたい」という人生観がすこしでもあったら、コーチや監督業を50代・60代でもつづけるスポーツ関係者などうまれるはずがないでしょう。スポーツという、究極のムダ＝不要不急の空間で、体力・知力を蕩尽することこそ、よろこびなのであり（勝利や名誉もほしいけれども）、現役引退や監督業をやめるのはさびしいかぎりなのですから。

136 岩波版日本語訳のおとくな点は、非常に充実した「訳者あとがき」がくわわっていることもあります。英文でもグレーバーのあつめた証言等は確認できるわけですが、コロナ禍がひきおこした情勢で浮上した問題群もふくめ、力作を訳しおえた酒井隆史さんらが、なにを想起したかをしることができるのは、日本語訳ならではです。

おわりに

本書は、時代の転換点だからこそかきだされたし、それに呼応した筆者がいなければ、ずっとかかれなかっただろうたぐいの著作だとおもいます。

　もちろん、広義の社会言語学の一部、障害学と情報保障など、広義の社会学の数領域で、同人たちとひっそり生息してきた無名の私大教員をしる読者はごくわずかでしょう。だから、本書によってはじめて筆者をしったかたにとっては、既刊本との連続性はもちろん、なぜ、このような表題・副題をもった書物となったのか、なぞだらけだとおもいます。

　しかし、グレーバーを有名にした『負債論』はもとより、力作を連発した近年の活躍ぶりに筆者も気づき、おそまきながら「ブルシット・ジョブ」論に接したとき、まさかの運命的なであいを直感しました。そして、個人的事情から、そろそろ最後の著書になるかもしれないという判断にたったとき、コロナ禍で一変した世界とあいまって、直感は、「最後の単著がかきおろせるなら、これしかない」との確信にかわりました。それは、この著作作業の後半にはいって、当のグレーバーがなんと2020年9月2日（現地時間）に入院先のヴェネツィアで死去との報道があったからです[137]。

　7月末に日本語訳が刊行されたとしり、入手をいそぎ（英文ペーパーバックスは目次を確認しながらも事実上「つん読」でした）、次の著作としてテーマをえらぶならこれだと直感しました。「これは、すくなくとも自分にとっては啓示にほかならない」とおもって、8月1日にかきはじめたものが、1か月後には原著者の訃報に接することに。この1か月で骨子をほぼかきおえた段階にあったので、一層運命的に感じるほかありませんでした。

筆者は、労働社会学系の学会に所属したことがなく、労働論を学部紀要に寄稿したことさえありません。ただ、先年『あそび／労働／余暇の社会学』(2018a) という行為論を社会学的に展開する単著を唐突に刊行しました。今回の議論は、その延長線上にはありませんが、この単著がなければ、本書がかかれなかったことも確実です。

　労働への関心がなかったわけではもちろんありません。その一端は、かけだしのころだした『たたかいの社会学：悲喜劇としての競争社会』(2000 [＝2007]) にしめされていました。広義のゲームにおける勝敗、強弱などを思考実験する過程で、ゲームを律するルールには理不尽がつきまとっていること、ゲームの勝敗がわける社会的評価があまりに冷酷だったり、そもそも機会均等になっていないらしい点などについて、さまざまな論点が浮上することを確認しました。そのなかでは、「業績原理」など、近現代社会の根幹をなすとおもわれる原則が意外に恣意的であり（機会均等原則が保証されていないゲームだったり）、解雇理由の恣意性がつきまとうことなど、雇用関係の不平等性や評価軸の非一貫性などへの言及がありました。ただ、予定調和からはほどとおい「葛藤」関係のありようを、勝／敗とか攻／防といった二項対立で整理すること（「たたかい」という社会現象の形式）が中心課題だったので、グレーバーの問題意識とのかさなりは、ほぼ皆無といっていいとおもいます。

　一方、学界の動向と無関係に、受講生からでた質問にこたえようとしてかきだした『あそび／労働／余暇の社会学』は、あそび現象や労働過程を類型化するのではなく、行為の本質を理念型として抽出・整理する作業でした。それは「ブルシット・ジョブ」を事実上構成する過程、あそび現象と労働過程の意外な連続性、職務時間／余暇時間の意外な意義など、グレーバーの問題意識とかさなる論点

が多数用意されていました。特に、AIなどの急伸で多数の職務が不要化するといった不安については、グレーバー同様、SF作品などから着想をえて展開した近未来論が展開されていましたし、ロボット化などによる余暇時間の急増がもたらすだろう現役引退期の早期化＝若年失業問題の関係性など、問題関心がかさなる部分がすくなくありませんでした。「ブルシット・ジョブ」という観点から、社会分業をみなおすという観点は、すっぽりぬけおちていましたが。

　ともあれ、「ブルシット・ジョブ」「シット・ジョブ」という二項対立図式以外の労働過程の細部にわたって、かなりふみこんだ成分分析をおこない、労働現象のミクロな局面での本質をかなり網羅的に整理できたという実感が、前作の『あそび／労働／余暇の社会学』ではえられていました。そういったながれのなかで、近年、「ブルシット・ジョブ」がかなり話題化していること、日本語訳がでるといううわさがあることなどをしり、グレーバーの問題関心に急速にひきよせられていったのです。

　ですから、個人的には、①「労働過程の微視的解析による本質の抽出・整理作業」、②グレーバーの「ブルシット・ジョブ」論への急速な接近、③コロナ禍でのエッセンシャルワーカーの浮上、という3要素が、3年間弱のあいだに不可分の「ピース」として「パズル」の完成図をあらわすにいたった、と整理しています。

　結果として、グレーバー・モデルの日本社会への適用によって、より具体的な実感をもってかんがえられるような「ひきよせ」作業ができたし、グレーバー・モデルが本格的とりくみをはぶいた公共セクターでの「ブルシット・ジョブ」の有害性を指摘できたと、自負しています。先年刊行した『身体教育の知識社会学』が、狭義の体育にとどまらず健康不安産業（「ヘルシズム」業界）等における

医療関係者・研究者の暗躍や厚労省など公的機関の共犯関係に言及したことも今回の議論とは無縁ではありません（ましこ2019）。

　もちろん、グレーバーの遺志を網羅的に継承できたわけではありません。それでも、ひとつの応用例をしめし、「ブルシット・ジョブ」問題の周辺には、まだまだ解析が必要なおおくの現象・論点がとりのこされているのではないか、といった問題提起は最低でもできたのではないかと信じるものです。

　さて、末筆になりますが、いつも厄介な企画をもちこむ筆者のわがままをうけとめてくださる三元社のみなさまに、感謝もうしあげます。

福島県浜通り地震（2011年）、スマトラ島沖地震（2012年）
が発生した日に（2021/04/11）

注
137　「David Graeber, anthropologist and author of Bullshit Jobs, dies aged 59
　　　The anarchist and author of bestselling books on capitalism and bureaucracy died in
　　　a Venice hospital on Wednesday」（Guardian 2020/09/03）

【参考文献】

青木啓治, 1990「シャイロックについて：『ヴェニスの商人』におけるアイロニー
　　と諷刺」『英文学評論』59 巻, 京都大学教養部英語教室
　　(https://repository.kulib.kyoto-u.ac.jp/dspace/bitstream/2433/135238/1/
　　ebk00059_001.pdf)
天野恵一ほか, 2019『で、オリンピックやめませんか?』亜紀書房
石井　暁, 2018『自衛隊の闇組織──秘密情報部隊「別班」の正体』講談社
石原　俊, 2007『近代日本と小笠原諸島──移動民の島々と帝国』平凡社
石原　俊, 2013『〈群島〉の歴史社会学──小笠原諸島・硫黄島、日本・アメリカ、
　　そして太平洋世界』弘文堂
今村　核, 2012『冤罪と裁判』講談社
オーウェル, ジョージ＝高橋和久訳, 2009『一九八四年』早川書房
大内裕和, 2020『教育・権力・社会』青土社
小笠原博毅ほか, 2016『反東京オリンピック宣言』航思社
小笠原博毅ほか, 2019『やっぱりいらない東京オリンピック』岩波書店
小川　勝, 2012『オリンピックと商業主義』集英社
小川　勝, 2016『東京オリンピック「問題」の核心は何か』集英社
小田中聰樹, 1993『冤罪はこうして作られる』講談社
梶田孝道, 1988『テクノクラシーと社会運動──対抗的相補性の社会学』東京
　　大学出版会
鎌谷悠希, 2015『しまなみ誰そ彼①』小学館
鎌谷悠希, 2016『しまなみ誰そ彼②』小学館
鎌谷悠希, 2017『しまなみ誰そ彼③』小学館
鎌谷悠希, 2018『しまなみ誰そ彼④』小学館
グールド, スティーヴン・J.＝鈴木善次ほか訳, 2008ab『人間の測りまちがい
　　〈上〉〈下〉──差別の科学史』河出書房新社
グレーバー, デヴィッド＝酒井隆史ほか訳, 2016『負債論──貨幣と暴力の
　　5000 年』以文社
グレーバー, デヴィッド＝酒井隆史ほか訳, 2017『官僚制のユートピア──テ
　　クノロジー、構造的愚かさ、リベラリズムの鉄則』以文社
グレーバー, デヴィッド＝酒井隆史ほか訳, 2020『ブルシット・ジョブ──ク
　　ソどうでもいい仕事の理論』岩波書店
経済産業調査室・課, 2012「福島第一原発事故と 4 つの事故調査委員会」『調
　　査と情報』(756), 国立国会図書館 (2012/08/23)
小松光／ラプリー, ジェレミー, 2021『日本の教育はダメじゃない──国際比
　　較データで問いなおす』筑摩書房

コリンズ, R. ＝新堀通也ほか訳, 1984『資格社会——教育と階層の歴史社会学』有信堂高文社

埼玉県教育局東部教育事務所, 2018「給食と清掃の指導〜学校生活の中で恒常的に行う教育活動〜」(「若い先生のための学級経営講座―月別編― 7月②」『学級経営講座―月別編―』2018 年 2 月 27 日)
(https://www.pref.saitama.lg.jp/g2204/documents/gakkyuukeiei7-2.pdf)

澤地久枝, 2006『密約——外務省機密漏洩事件』岩波書店

白井さゆり, 2017『東京五輪後の日本経済：元日銀審議委員だから言える』小学館

新藤宗幸, 2009『司法官僚——裁判所の権力者たち』岩波書店

ジンバリスト, アンドリュー＝田端優訳, 2016『オリンピック経済幻想論〜2020 年東京五輪で日本が失うもの』ブックマン社

鈴木 翔, 2012『教室内（スクール）カースト』光文社

ゾンバルト, ヴェルナー＝金森誠也訳, 2000『恋愛と贅沢と資本主義』講談社

高橋哲哉, 2015『沖縄の米軍基地「県外移設」を考える』集英社

高橋哲哉, 2019「「基地引き取り論」とは何か 鹿野政直氏・新城郁夫氏の批判に応答する」(『論座』2019/09/11, https://webronza.asahi.com/politics/articles/2019090600002.html)

チャイルズ, ジェームズ, R. ＝高橋健次訳, 2006『最悪の事故が起こるまで人は何をしていたのか』草思社

鳶島修治, 2010「全国学力テストの悉皆実施はいかに正当化されたか——教育評価と〈学力保障〉のポリティクス」『社会学年報』(39), 75-86, 東北社会学会（https://www.jstage.jst.go.jp/article/tss/39/0/39_75/_pdf）

土井隆義, 2009『キャラ化する / される子どもたち——排除型社会における新たな人間像』岩波書店

戸部良一ほか, 1991『失敗の本質——日本軍の組織論的研究』中央公論新社

トンプソン, デイミアン＝中里京子訳, 2014『依存症ビジネス——「廃人」製造社会の真実』ダイヤモンド社

西山太吉, 2007『沖縄密約：「情報犯罪」と日米同盟』岩波書店

西山太吉, 2010『機密を開示せよ：裁かれる沖縄密約』岩波書店

西山太吉, 2019『記者と国家：西山太吉の遺言』岩波書店

ハキム, キャサリン＝田口未和訳, 2012『エロティック・キャピタル すべてが手に入る自分磨き』共同通信社

畑中洋太郎. 2005『失敗学のすすめ』講談社

浜田寿美男, 2001『自白の心理学』岩波書店

浜田寿美男, 2004『取調室の心理学』平凡社

浜田寿美男, 2018『虚偽自白を読み解く』岩波書店

ファノン, フランツ＝海老坂武ほか訳, 2020『黒い皮膚・白い仮面【新装版】』みすず書房

バタイユ，ジョルジュ＝酒井健訳，2018『呪われた部分——全般経済学試論・蕩尽』筑摩書房

古屋星斗，2020「「第2次PISAショック」来る。PISAの結果を我々はどう使いこなすべきか」『研究所員の鳥瞰虫瞰』2020/01/27，リクルートワークス研究所

フレイザー，ジル・A.＝森岡孝二訳，2003『窒息するオフィス——仕事に強迫されるアメリカ人』岩波書店

ホックシールド，A・R，＝石川准ほか訳，2000『管理される心——感情が商品になるとき』世界思想社

ましこ・ひでのり，2005『あたらしい自画像——「知の護身術」としての社会学』三元社

ましこ・ひでのり，2007『たたかいの社会学——悲喜劇としての競争社会（増補新版）』三元社

ましこ・ひでのり，2010『知の政治経済学——あたらしい知識社会学のための序説』三元社

ましこ・ひでのり，2013『愛と執着の社会学——ペット・家畜・えづけ，そして生徒・愛人・夫婦』三元社

ましこ・ひでのり，2014『加速化依存症——疾走／焦燥／不安の社会学』三元社

ましこ・ひでのり，2018a『あそび／労働／余暇の社会学——言語ゲーム・連字符カテゴリー・知識社会学を介した行為論』三元社

ましこ・ひでのり，2018b『アタマとココロの健康のために——社会学的知の実践：レイシズム・ミソジニー感染防止ワクチンとハラスメント依存症治療』三元社

ましこ・ひでのり，2019『身体教育の知識社会学——現代日本における体育・食育・性教育・救急法等をめぐる学習権を中心に』三元社

町村敬志［編］，2006『開発の時間開発の空間——佐久間ダムと地域社会の半世紀』東京大学出版会

町村敬志，2011『開発主義の構造と心性——戦後日本がダムでみた夢と現実』御茶の水書房

みわ　よしこ，2013『生活保護リアル』日本評論社

ムッライナタン，センディル＆シャフィール，エルダー＝大田直子訳，2015『いつも「時間がない」あなたに——欠乏の行動経済学』早川書房

村松　秀，2006『論文捏造』中央公論新社

目取真俊，2020『ヤンバルの深き森と海より』影書房

安冨　歩，2012a『原発危機と「東大話法」——傍観者の論理・欺瞞の言語』明石書店

安冨　歩，2012b『幻影からの脱出——原発危機と東大話法を越えて』明石書店

山本七平，2004『日本はなぜ敗れるのか――敗因21ヵ条』角川グループパブリッシング

芳沢光雄，2019『「％」が分からない大学生――日本の数学教育の致命的欠陥』光文社

ライアン，デイヴィッド＝河村一郎訳，2002『監視社会』青土社

渡邉憲夫ほか，2013「福島第一原子力発電所事故に関する5つの事故調査報告書のレビューと技術的課題の分析――事故の進展と原因に焦点を当てて」『日本原子力学会和文論文誌』Vol.12, No.2, pp.113-127
（https://www.jstage.jst.go.jp/article/taesj/12/2/12_J12.036/_pdf）

David Graeber，2019 "Bullshit Jobs: The Rise of Pointless Work, and What We Can Do About It"，Penguin

索 引

(キーワードがないページでも
内容であげてあります)

た

著者紹介

ましこ・ひでのり（msk@myad.jp）

1960 年茨城県うまれ。東京大学大学院教育学研究科博士課程修了（博士：教育学）。日本学術振興会特別研究員などをへて、現在、中京大学教養教育研究院教授（社会学）。

主要著作：『日本人という自画像』、『ことばの政治社会学』、『増補新版 イデオロギーとしての「日本」』、『あたらしい自画像』、『増補版 たたかいの社会学』、『幻想としての人種／民族／国民』、『知の政治経済学』、『社会学のまなざし』、『愛と執着の社会学』、『加速化依存症』、『ゴジラ論ノート』、『コロニアルな列島ニッポン』、『言語現象の知識社会学』、『あそび／労働／余暇の社会学』『アタマとココロの健康のために』『身体教育の知識社会学』『アンチウィルスソフトとしての社会学』（以上単著、三元社）。

共著に「社会言語学」刊行会編『社会言語学』(1-20 号＋別冊 3)、真田信治・庄司博史編『事典 日本の多言語社会』(岩波書店)、前田富祺・野村雅昭編『朝倉漢字講座 5 漢字の未来』(朝倉書店)、『ことば／権力／差別』(三元社、編著)、『行動する社会言語学』(三元社、共編著)、大橋・赤坂・ましこ『地域をつくる―東海の歴史的社会的点描』(勁草書房)、田尻英三・大津由紀雄 編『言語政策を問う！』(ひつじ書房)、米勢・ハヤシザキ・松岡編『公開講座 多文化共生論』(ひつじ書房)、Mark ANDERSON, Patrick HEINRICH ed. "Language Crisis in the Ryukyus" Cambridge Scholars Publishing ほか。

アリバイ工作社会

「ブルシット・ジョブ」論の再検討

発行日…………2021 年 7 月 20 日 初版第 1 刷

著　者…………ましこ・ひでのり

発行所…………株式会社 三元社

〒 113-0033　東京都文京区本郷 1-28-36
電話／ 03-5803-4155　FAX ／ 03-5803-4156

印　刷…………モリモト印刷 株式会社
製　本…………鶴亀製本 株式会社

© 2021 MAŜIKO Hidenori
ISBN978-4-88303-531-1
http://www.sangensha.co.jp